Lafer / Laubersheimer

Werkstatt Küche

Werkstatt Küche

Kochen – ein Erlebnis

1

CERES Verlag, Bielefeld

▲ **Der Koch, der Designer, das Buch und die Gäste**
Vor dem Kochen, Seite 4

▼ **Aus besonderem Anlaß**
Das exquisite und raffinierte Festmahl, Seite 88

▲ **Rauhe Sitten – feines Essen**
Wenn Gäste ihre Freunde mitbringen, Seite 8

Quickies in der Küche ▶
Schnell gekocht und gut gegessen, Seite 24

▼ **Wenn der Alltag zum Genuß wird**
Verwöhnen muß nicht teuer sein, Seite 116

▼ **Alte und neue Werkzeuge**
Von Wolfgang Laubersheimer, Seite 6

Carne Vale – Kein Fleisch in der Küche
Die Vegetarier kommen, Seite 38

süß

vegetarisch

Die süße Seite des Lebens
Dessert und mehr, Seite 70

klassisch

trinken...

Sekt oder Selters
Snacks und der Umgang mit Getränken, Seite 132

Klassisches Immergrün
Kostbares aus Mutters Küche, Seite 52

mit Dosen

Tips

Tips und Tricks
Profi-Tips von Johann Lafer, Seite 148

Ich war eine Dosensuppe
Tuning-Tips für Fertiggerichte, Seite 104

... und dazu als **Nachschlag** die Register ab Seite 154

Der Designer und der Koch

Der Koch, der Designer, das Buch und die Gäste
Vor dem Kochen

„Werkstatt Küche" ist ein Kochbuch, das großen Wert auf den Ort des Geschehens legt und darüber hinaus noch die atmosphärische Nähe der Küche zur Werkstatt eines Schmieds oder Schlossers aufdeckt.

Für die Herausgeber, neben dem Profikoch Johann Lafer und dem Designer Wolfgang Laubersheimer sind dies noch Stephan Schwarz (Grafik Design) und Stephan Ott (Autor), bilden diese beiden Aspekte die Basis dieses ungewöhnlichen Buches.

Der Erfolg des Kochens hängt sehr stark von den Erlebnissen ab, die uns in der Küche widerfahren. Es wird sich herausstellen, daß Küche und Werkstatt gar nicht so wenig miteinander zu tun haben, wie es auf den ersten Blick scheint.

Die Verbindung kommt schon früh zustande; schon als der mythische Prometheus den Göttern im Olymp das Feuer stahl, es dem Hephaistos in seine Schmiede brachte und die Menschen damit vom Zwang der ausschließlichen Rohkosternährung befreite. Seitdem hat das Kochen immer auch mit Lärm zu tun, mit Gerüchen, mit Temperatur und mit Werkzeugen, kurzum mit allem, was auch in Hephaistos' Werkstatt eine große Rolle gespielt hat.

Daß etwa das Anbraten für den Profikoch in erster Linie ein Geräusch ist oder daß der Einkauf der Zutaten, scharfe Messer und rutschfeste Arbeitsbretter ebenso am Kocherfolg teilhaben wie das stimmige Rezept, darauf weist unser Buch immer wieder hin.

Vor allem möchte „Werkstatt Küche" aber dazu beitragen, daß der Erlebnischarakter des Kochens wiederentdeckt wird. Es ist an der Zeit, dem Amateur, dem Liebhaber im buchstäblichen Sinne also, eine Anleitung zur Hand zu geben, bei der es nicht um das perfekte Nachkochen von Profi-Rezepten geht.

Der Profikoch befindet sich in einer grundsätzlich anderen Situation als der Hobbykoch. Seine Küche ist perfekt ausgerüstet und er findet sich nie in der Situation, seinen Einkauf hektisch, nach einem anstrengenden Arbeitstag und kurz vor Ladenschluß erledigen zu müssen.

Mit stumpfen Messern, zu großen oder zu kleinen Töpfen und Pfannen sind aber die meisten Kochenden konfrontiert, ganz zu schweigen von zu niedrigen Arbeitsplatten in Normküchen.

Dem Erfindungsdrang sind keine Grenzen gesetzt und die Ideen und Tips der Profis aus Küche und Werkstatt für unsere „Modellköche" sollen lediglich anregen und zeigen, daß sehr viele Situationen im Leben durch das Kochen bereichert werden können.

Klar, daß dem Überraschungsgast nicht auf die Schnelle ein Drei-Sterne-Menü serviert werden kann; aber das hat dieser auch gar nicht erwartet. Er freut sich aber darüber, daß nach der Lektüre dieses Buches Chips und Salzletten im Schrank bleiben.

Der Grafiker und der Autor

Alte und neue Werkzeuge

Von Wolfgang Laubersheimer

Wer die Ausstattung einer heute üblichen, professionellen Küche sieht, dem könnte der Mut zum großen Menü leicht sinken. Die High-Tech-Ausstattungen, selbst im semi-professionellen Küchenbereich umfassen vom Trüffelhobel aus Edelstahl über das beschichtete und unbeschichtete Pfannenset, den Hochdruckkorkenzieher bis hin zur Pfeffermühle mit von der Forschungsabteilung eines großen Automobilherstellers entwickeltem Mahlwerk, heute schon so viele Utensilien, daß das Kochen aus Platzmangel zunehmend schwieriger wird.

Die Schnittstelle „Profikoch - Amateur" ist nicht mehr klar auszumachen, zumindest was die Ausstattung betrifft. Nun, es gibt in Handwerkerkreisen ein Sprichwort, das sagt, „mit gutem Werkzeug kann jeder arbeiten". Kochen hat viel mit Koordination und - übrigens ebenso wie Design - viel mit Handwerk zu tun, und jeder von uns weiß, daß der perfekte Werkzeugkasten noch nicht die gute Arbeit garantiert. Ich glaube, daß sich der wahre Meister erst in der Improvisation offenbart, dann, wenn fehlende Materialien oder Werkzeuge durch Phantasie ersetzt werden müssen, wenn sich Kreativität entfaltet. Hierzu möchte unser Buch inspirieren.

Zur Improvisation gezwungen wurde mein Freund Johann Lafer bei den verschiedenen Kochsessions. Nichts war so, wie es der Profi braucht und darüber hinaus wurde die Geduld des Meisters auch noch durch die für ihn in der Regel sicher ungewohnte, laut dröhnende Musik über alle Gebühr strapaziert. Es gab kaum scharfe Messer und einmal ging der Meister eigenhändig auf die Suche nach einer beschichteten Pfanne, konnte aber weder im Mehrfamilienhaus noch im umliegenden Großstadtdschungel, außer zwei relativ scharfen Messern, nichts ergattern. Da mußte doch die alte Blechpfanne herhalten - und siehe da, ein Zusatzschuß Öl ersetzt die beste Teflonbeschichtung.

Wenn Sie Parmesankäse auf Ihren Spaghettis haben möchten, brauchen Sie keinen Parmesanhobel. Ein scharfer Stechbeitel aus der Heimwerkerschublade kann hier erstklassige Dienste leisten. Der Käse läßt sich damit wunderbar spanabhebend bearbeiten und fein dosieren. Sie haben auch keinen Parmesankäse? Nehmen Sie eben Gouda. Sie möchten frischen Pfeffer auf Ihrem Fisch? Die Pfeffermühle mit dem einfachen Mahlwerk (nicht von der Autohersteller-Forschungsabteilung) hat aber Ihren Geist aufgegeben - dann nehmen Sie Ihren Haushaltshammer, stecken die Pfefferkörner ins Küchentuch und hämmern solange darauf herum, bis die gewünschte Körnung erreicht ist.

Kaum ein Handwerker auf dem Bau hat einen Korkenzieher oder Flaschenöffner in der Tasche, aber jeder Maurer weiß, daß eine Weinflasche mit drei Nägeln äußerst schonend geöffnet werden kann. Das am häufigsten vermißte Werkzeug in den Küchen, in denen nicht allzuoft gekocht wird, ist ein scharfes Messer, denn die sind teuer. Da kann im Notfall ein preiswertes Teppichbodenmesser oder ein Papiercutter mehr als nur schlechten Ersatz bieten.

Es gibt eine Menge Alternativen. Trauen Sie sich zu improvisieren! Finden Sie Ihr persönliches alternatives Küchenwerkzeug. Sie werden sehen, das macht Spaß, und bald scheint es etwas von Ihrer Persönlichkeit anzunehmen. Jeder kleine Kratzer, jede kleine Beule wird Sie an vollbrachte Taten erinnern.

Zur Improvisation gezwungen

Rauhe Sitten, wenn Gäste mitbringen

feines Essen –
ihre Freunde

Johann Lafer

Tips zu Getränken auf Seite 132

Farfalle di mare

30 g Butter
60 g Speck, gewürfelt
1 abgezogene Schalotte, gewürfelt
200 g Crevetten
200 g Lachswürfel
50 ml Roséwein
200 g Crème fraîche
1/2 TL Zucker, Salz, Pfeffer
1 Bund Schnittlauch
250 g Nudeln/Farfalle
2 EL Butter, etwas Kerbel

1. Butter in einer Pfanne erhitzen, zuerst Speck und dann Schalottenwürfel darin anbraten. Die Crevetten und die Lachswürfel zugeben und kurz mitrösten.
2. Mit Roséwein ablöschen, Crème fraîche zugeben. Mit Zucker, Salz und Pfeffer würzen. Zum Schluß den Schnittlauch in Röllchen schneiden und hinzufügen.
3. Farfalle in Salzwasser bißfest garen, abgießen, die Butter hinzufügen und auf Tellern anrichten.
4. Die Sauce darübergeben, mit Kerbel garnieren.

Vorher: **„Farfalle di mare"**, dann: **Hase in Papillotte mit Kartoffelgratin**, und: **Tiramisu**

der neue, alte Herd

Rauhe Sitten – feines Essen

„Wir haben auch schon mal versucht, das Brot mit der Flex zu schneiden, als kein Messer zur Hand war", flachst Roch. „Aber da ist uns dann die Sicherung 'rausgeflogen und ein Kriechstrom, den wir bis heute noch nicht lokalisiert haben, hat die Espressomaschine in Gang gesetzt", fährt Michael augenzwinkernd fort.

Roch und Michael haben sich zusammen mit ihren Studienkollegen Ralf und Kathrin einen Traum im Stil der neuen Zeit erfüllt. Sie haben eine ehemalige, unterkellerte Garage gemietet, die Loft zu nennen etwas übertrieben wäre. Im fensterlosen Keller haben sie sich eine große Werkstatt eingerichtet, schwere Vorhänge schützen ihre vier Schlafkojen vor Staub- und Funkenflug. Im Paterre darüber befinden sich eine zum Bad umgebaute Dunkelkammer, die Küche und der eigentliche Wohnbereich mit Oberlicht.

Die vier Designstudenten renovieren seit fast zwei Monaten und haben nun beschlossen, die Umbaumaßnahmen vorerst für beendet zu erklären, zumindest so lange, bis sich ein neuer Motivationsschub einstellt. Spontan wollen sie ihrem Beschluß mit einer kleinen, exklusiven Feier Nachdruck verleihen. Der engste Freundeskreis ist schnell benachrichtigt. Über die Menüfolge, Spaghetti mit einer Crevetten-Lachssauce, gebratene Hasenkeulen mit Kartoffelgratin und zum Abschluß Tiramisu, herrscht Einigkeit.

... lieber eine Packung Spaghetti mehr einkaufen ...

Da aber die genaue Anzahl der Gäste im Vorfeld beim besten Willen nicht zu ermitteln ist – der eine hat eigentlich einen Probentermin mit seiner Band, die andere erwartet eine alte Schulfreundin zu Besuch – rechnen Roch und Michael bereits beim Einkauf mit den Unbekannten. Lieber eine Packung Spaghetti und eine Dose Crevetten sowie etwas Biskuit mehr einkaufen und die Schulfreundin kann im Zweifelsfalle mitversorgt werden.

Hase in Papillote

200 g Crème fraîche
5 TL Senf
4 Hasenkeulen à 160 g
Salz
Pfeffer
Butter
4 Lorbeerblätter
Oregano
Alufolie

1. Crème fraîche und Senf verrühren.
2. Hasenkeulen mit Salz und Pfeffer würzen. Auf jeweils ein Stück gebutterte Alufolie geben, mit der Crème-fraîche-Sauce überziehen. Lorbeerblätter und Oregano dazugeben. Die Alufolie zusammenfalten und zu Schiffchen formen.
3. Die Schiffchen bei 180 °C (Heißluft etwa 160 °C) für etwa 40 Minuten in den vorgeheizten Backofen schieben.
4. Mit Kartoffelgratin servieren.

Weichkekse 1

Das Tiramisu sollte man, wenn es sich irgendwie einrichten läßt, schon am Tag oder Abend vorher machen und dann in den Kühlschrank stellen. Bitte gut abdecken, weil Biskuit wie alle Weichkekse sehr leicht den Geschmack stark riechender Waren annimmt.
„Bis zweifach Gebackenes, also z.B. Löffelbiskuits oder Zwieback, durchgeweicht ist, dauert es eine gewisse Zeit. Und gerade bei einem Tiramisu sollten sowohl der Espresso als auch der Alkohol bis in die letzten Biskuitporen vorgedrungen sein" erklärt Johann Lafer die relativ lange Vorlaufzeit. Da Michael aber tags zuvor eher der Zeit nachläuft und nach wie vor Unklarheit darüber besteht, wieviel Leute kommen werden, er aber andererseits auf das Tiramisu nicht verzichten will, hat er eine Weichkeks-Alternative gefunden. Wir sind gespannt und fahren zunächst chronologisch mit der Speisenfolge fort.

Härte 1

Wie fast zu erwarten, hat nicht nur die Schulfreundin die nicht ausgesprochene Einladung angenommen. Auch die Band hat schweren Herzens die anstehende Probe ausfallen lassen, hat aber, sozusagen zur eigenen Beruhigung, ihr letztes Demo-tape mit ein paar eigenwilligen Interpretationen des Guns'n Roses-Albums „Appetite for Destruction" mitgebracht.
Obwohl Rochs Spaghetti-Sauce schon fast fertig ist, stellen die Überraschungsgäste kein Problem dar. „Die Hauptschwierigkeit beim Verlängern von Suppen, Saucen oder anderem", so Johann Lafer, „liegt weniger daran, daß einem die Zutaten ausgehen, dem kann man beim Einkauf vorbeugen, wie Roch und Michael das taten. Schwierig wird es dann, wenn viele verschiedene Zutaten unterschiedliche Garzeiten benötigen. Da kann man nicht nach einer halben Stunde noch etwas dazugeben. Bei der Lachs-Krevettensauce allerdings ist alles halb so wild. Da Fisch allgemein und die Krevetten besonders viel Eiweiß beinhalten, sollten sie sowieso erst zum Schluß in die Sauce gegeben werden. Wie nämlich beim Ei, werden auch Produkte mit hohem Eiweißgehalt immer härter, je länger man sie kocht."

„Appetite for Destruction"

Roch beim Zerlegen des Kaninchens ...

rohe Kartoffeln ins Gratin

Härte 2

Johann Lafer hat sich langsam, wenn auch immer wieder verwundert den Kopf schüttelnd, an Ambiente und Interieur in der ehemaligen Garage gewöhnt. Roch hat derweil die Hasenteile mit Senf, Salz und Pfeffer mariniert. Nachdem die Hasenkeulen in Alufolie gepackt und diese dicht verschlossen wurde, kommen sie in den Ofen; das Kartoffelgratin kann später problemlos dazugeschoben werden. „Apropos Kartoffelgratin" versucht sich der Koch gegen die immer lauter werdende 'The Spaghetti Incident'-Version der Band durchzusetzen. „Es ist hierfür nicht notwendig, die Kartoffeln vorzukochen, auch wenn dies immer wieder behauptet wird. Ich finde es von der Konsistenz

Kartoffelgratin

2 Knoblauchzehen
Salz
1 kg Kartoffeln
frisch gemahlener Pfeffer
geriebene Muskatnuß
250 ml (1/4 l) Schlagsahne
1 Becher (150 g) Crème Fraîche
4 Eier
Butter

1. Knoblauchzehen abziehen, in Scheiben schneiden, mit Salz zerdrücken, das Knoblauchmus am Rand und auf dem Boden einer gefetteten Auflaufform verteilen.
2. Kartoffeln schälen, waschen, in dünne Scheiben schneiden. Kartoffeln in die Auflaufform schichten, jede Lage mit Salz, frisch gemahlenem Pfeffer, Muskatnuß bestreuen.
3. Schlagsahne mit Crème Fraîche und Eiern verquirlen, über die Kartoffeln gießen.
4. Die Form mit Alufolie verschließen, in den Backofen schieben, bei 220-225 °C (Heißluft 180-200 °C) etwa 1½ Stunden backen. Etwa 30 Minuten vor Beendigung der Backzeit die Folie entfernen.

Lorbeeren für das Kaninchen

und dem Geschmack her sogar besser, wenn für das Gratin rohe Kartoffeln genommen werden. Außerdem vermeide ich – bei den Konzerten dieser Band ist das vermutlich anders – die Zugabe von Eiern. Bei einem Kartoffelgratin sorgt nämlich nicht Eiweiß für Härte, dafür aber die Stärke der Kartoffeln. Diese bindet am besten und reicht allein aus, daß das Gratin nicht zu flüssig gerät."

Weichkekse 2

Als Alternative zu Löffelbiskuits hat Michael Biskuit-Tortenböden aufgetrieben. Diese sind schon weich und saugen Espresso und Alkohol schnell auf, auch wenn ihnen natürlich ebenfalls zwecks Aromatisierung ein längeres Einweichen nicht schlecht bekäme. Zumindest aber in der Anschaffung scheinen diese Weichkekse unschlagbar, was auch Johann Lafer beeindruckt. „Sensationell" zeigt er sich zum einen vom günstigen Biskuit-Preis überrascht und zum anderen vom exzellenten Geschmack des Tiramisu begeistert. Weniger begeisternd findet er allerdings die Ankündigung der Musiker, die Instrumente und die Anlage holen zu wollen, um mit einer Session den Abend fortzuführen.

... billiger Biskuitteig

Tiramisu

1. Eigelb und Zucker über dem Wasserbad schaumig schlagen. Gelatine in Wasser einweichen, ausdrücken, in der Milch auflösen. Milch und Mascarpone mit der Eigelbmasse glattrühren.
2. Zitronensaft, Orangenlikör dazugeben. Eischnee mit Vanillezucker steif schlagen, mit der Sahne unterheben. Eine tiefe Form mit der Hälfte des Tortenbodens auslegen, Zucker, Wasser und Kaffee aufkochen, den Biskuit damit tränken. Die Hälfte der Mascarponecreme darauf verteilen, zweite Hälfte Tortenboden darauf legen, diese mit dem Kaffee tränken. Restliche Creme darauf geben, kalt stellen.
4. Tiramisu mit Kakaopulver bestreut servieren.

2 Eigelb, 50 g Zucker
2 Blatt Gelatine
100 ml lauwarme Milch
300 g Mascarpone
Saft von 1 Zitrone
2 cl Orangenlikör
2 Eiweiß
1 Päckchen Vanillezucker
250 ml geschlagene Sahne
1 Biskuittortenboden
50 g Zucker, 50 ml Wasser
1 EL Instant-Kaffee
3 EL Kakaopulver

Putengeschnetzeltes

800 g Putenbrust
etwas Speiseöl
etwas Butter zum Braten
300 g Champignons, geputzt und in Scheiben geschnitten
100 g feingeschnittene Zwiebeln
½ EL Speisestärke
½ TL Currypulver
100 ml Weißwein
200 ml Geflügelfond oder Fleischbrühe
200 ml Schlagsahne
Salz, Pfeffer
3 EL geschlagene Schlagsahne
2 EL Blattpetersilie, gehackt

Putenbrust, ohne Haut, in Streifen schneiden. Öl und Butter in einer Pfanne erhitzen und das Fleisch nach und nach darin kurz goldgelb anbraten. Herausnehmen und auf ein Sieb geben, den Fleischsaft dabei auffangen. In derselben Pfanne nun mit etwas Butter Champignons und Zwiebeln anbraten, herausnehmen und zur Seite stellen. Nochmals ein kleines Stück Butter in die Pfanne geben, Speisestärke darüberstäuben, Currypulver beigeben, kurz mitrösten, mit Weißwein, Geflügelfond und Sahne auffüllen, gut einkochen lassen.
Den abgetropften Fleischsaft dazugeben. Fleisch, Pilze und Zwiebeln wieder dazugeben. Einmal aufkochen, damit das Fleisch schön saftig bleibt und abschmecken. Die geschlagene Sahne und gehackte Petersilie unterheben.

Beilagen: Zweierlei Reis, Junge Möhren

Berner Würstchen und Kartoffelsalat

Für den Kartoffelsalat:
1 kg festkochende Kartoffeln
½ TL Kümmel
Salz
150 g Räucherspeck
1 Zwiebel
250 ml (¼ l) Fleischbrühe
10 EL Speiseöl
6 EL Weißweinessig
Salz
frisch gemahlener Pfeffer
etwas gehackte Petersilie

Für die Berner Würstchen:
1 dicke Scheibe Edamer
4 Wiener Würstchen
8 Scheiben Räucherspeck
3 EL Speiseöl
2 Thymianzweige
etwas Senf

Für den Kartoffelsalat die Kartoffeln waschen, in Wasser mit Kümmel und Salz in etwa 20 Minuten gar kochen. Kartoffeln pellen, ausdämpfen, so daß sie heiß bleiben. Den Räucherspeck fein würfeln, die Zwiebel abziehen, ebenfalls fein würfeln.
Die Fleischbrühe mit dem Öl und dem Essig aufkochen lassen, über die Kartoffelscheiben gießen, vorsichtig umrühren, bis die Flüssigkeit gebunden ist. Zwiebel- und Speckwürfel in einer Pfanne andünsten, zu den Kartoffeln geben, mit Salz und Pfeffer abschmecken. Die Petersilie darüberstreuen.
Für die Berner Würstchen den Edamer in vier Streifen schneiden. In die Würstchen eine Tasche schneiden, den Käse hineindrücken, die Würstchen mit dem Räucherspeck umwickeln. Das Öl in einer Pfanne erhitzen. Den Thymian abspülen, in das Fett geben, die Würstchen hinzufügen, kroß anbraten. Die Würstchen mit dem Kartoffelsalat und dem Senf anrichten.

Fleischgabel statt Spaghetti-Zange

In Nudeln fritierte Hackfleischbällchen mit Traubenchutney

1 kleine Chilischote
1 EL Korianderkraut
1 Ei
250 g Hackfleisch (halb Rind-, halb Schweinefleisch)
Salz, Korianderpulver
60 g schmale Nudeln
Öl zum Fritieren

Für das Traubenchutney:
120 g Zucker
300 g Weintrauben
1 mittelgroße Zwiebel
4 EL Himbeeressig
je eine Prise Ingwer- und Nelkenpulver
Cayennepfeffer

Chilischote halbieren, entkernen, zusammen mit dem Korianderkraut fein hacken. Ei und Hackfleisch vermengen, Koriander und Chilischote beigeben und mit Salz und Korianderpulver kräftig abschmecken. Nudeln in Salzwasser ganz kurz blanchieren, abschrecken und auf Küchenpapier abtropfen lassen.
Die Hackmasse zu kleinen Bällchen formen und diese in die Nudeln, wie ein Wollknäuel, einwickeln. Die Nudelbällchen in 180 °C heißem Fett goldgelb und knusprig fritieren und auf Küchenpapier abtropfen lassen.
Für das Traubenchutney Zucker in einem Topf mit etwas Wasser hellbraun schmelzen lassen, Trauben zugeben. Die Zwiebel abziehen, in Streifen schneiden, hinzufügen und zum Kochen bringen. Nun Essig und Gewürze beigeben, 15 Minuten köcheln lassen.
Ein Drittel der Trauben und Zwiebeln aus dem Topf nehmen und den Rest durch ein Sieb streichen. Dieses nochmals zum Kochen bringen und das Drittel der Trauben und Zwiebeln wieder als Einlage dazugeben.

Paella

5 EL Olivenöl
2 abgezogene, gewürfelte Zwiebeln
2 abgezogene, zerdrückte Knoblauchzehen
150 g Chorizas oder andere harte, mit Knoblauch gewürzte Wurst
300 g Hühnerfleisch
250 g Tintenfischringe
1 rote und 1 grüne Paprikaschote (etwa 200 g)
700 ml Hühnerbrühe
125 ml (1/8 l) trockener Weißwein
200 g Risottoreis (Rundkornreis)
Salz
frisch gemahlener Pfeffer
1/4 TL Safran
100 g Erbsen
300 g große Shrimps (Darm entfernt)
300 g geputzte Miesmuscheln

In einem großen Topf Olivenöl heiß werden lassen. Zwiebeln, Knoblauch und die Würstchen darin andünsten. Hühnerfleisch, Tintenfischringe und Paprika kurz mitbraten.
Mit Hühnerbrühe und Weißwein ablöschen. Den Risottoreis dazugeben und mit Salz, Pfeffer und Safran würzen. Nach etwa 10 Minuten die Erbsen, die vom Darm befreiten Shrimps und die Miesmuscheln dazugeben.
Den Topf in den auf 180 °C vorgeheizten Backofen (Heißluft etwa 160 °C) schieben. Nach etwa 20 Minuten ist die Paella fertig. Nochmals mit Salz und Pfeffer abschmecken und eventuell noch etwas Brühe hinzugeben.

Dazu paßt ein gemischter grüner Salat.

Parmesan gibt den Spaghetti mit Pesto den letzten Schliff

Fischsuppe mit gebratenem Fisch

Für die Suppe:
1 kg Seefische, z. B. Rotbarsch, Schellfisch, Heilbutt, Knurrhahn
2 Schalotten
3 EL Olivenöl
2 Knoblauchzehen
2 Stangen Staudensellerie
¼ Stange Lauch
¼ Fenchelknolle
3 Tomaten
weiße Pfefferkörner
Salz
250 ml (¼ l) Weißwein
750 ml (¾ l) Wasser

Als Einlage:
etwa 400 g Würfel von Seefischen, z. B. Rotbarsch, Schellfisch, Knurrhahn, Heilbutt
Dillspitzen zum Garnieren

Für den Fond alle Fische schuppen, fein säuberlich ausnehmen und in grobe Würfel schneiden. Gut unter fließendem kaltem Wasser abspülen. Abgezogene, kleingeschnittene Schalotten kurz in Olivenöl andünsten.
Knoblauchzehen abziehen, Staudensellerie, Lauch, Fenchel und Tomaten putzen, waschen, grob zerteilen und dazugeben, mitdünsten. Weiße Pfefferkörner hinzufügen und mit Salz abschmecken.
Fischwürfel hinzufügen, mit Weißwein und Wasser auffüllen und unter ständigem Abschäumen mit einer Schöpfkelle etwa 20 Minuten langsam köcheln lassen. Den Fond dann durch ein feines Sieb passieren und wieder in den Topf zurückgeben. Fische zurechtschneiden und gut waschen. Nun zuerst die festen Fischstücke, dann die weichen Stücke etwa 5 -10 Minuten gar ziehen lassen. Die Größe und Konsistenz ist entscheidend für die Länge der Garzeit. In Tellern anrichten. Mit Dill garnieren.

Als Beilage eignet sich frisches Stangenweißbrot.

Spaghetti mit Pesto

600 g Spaghetti
2 Bund frisches Basilikum
70 g geriebener Pecorino
30 g geriebener Parmesan
60 g geröstete Pinienkerne
3 abgezogene Knoblauchzehen
100 ml Olivenöl
Salz, Pfeffer
Basilikumblätter zum Garnieren
Kerbelblätter zum Garnieren
60 g geröstete Pinienkerne

Für 6 Personen
Spaghetti in reichlich Salzwasser al dente (bißfest) kochen. In der Zwischenzeit die Basilikumblätter von den Stengeln zupfen, waschen und trockentupfen. Entweder in einem Mörser oder in einem elektrischen Mixer das Basilikum, den Pecorino, den Parmesan, die Pinienkerne und den Knoblauch zu Mus verarbeiten. Zum Schluß das Olivenöl hinzugeben. Mit Salz und Pfeffer abschmecken. Die Spaghetti aus dem Wasser nehmen, in eine Pfanne geben und dann 4 - 6 Eßlöffel Pesto darunterziehen, mit Salz und Pfeffer würzen. Auf Tellern anrichten und mit Basilikum- und Kerbelblättern sowie Pinienkernen garnieren.

Kräuterschmorbraten mit Rahmsauce und Vollkornnudeln

3 Zwiebeln
3 Möhren
½ Lauchstange
1 kleine Petersilienwurzel
150 g Sellerie
2 Stangen Staudensellerie
175 g Tomaten (etwa 3 Stück)
1 kg Rindfleisch aus dem Schwanzstück (Schwanzrolle/Fricandeau)
500 g Ochsenschwanz
Salz
frisch gemahlener Pfeffer
3 EL Speiseöl
2 Knoblauchzehen
1 Bund glatte Petersilie
4 Zweige Thymian
4 Zweige Majoran
½ Bund Basilikum
5 Lorbeerblätter
500 ml (½ l) Rinderbrühe
750 ml (¾ l) Rotwein
100 g Crème fraîche
gehackte Petersilie

Für die Vollkornnudeln:
300 g Weizenvollkornmehl
50 g Weizenmehl
50 g Hartweizengrieß
2 ganze Eier
2 Eigelb
2 EL Olivenöl
10 g Salz
Salz, Pfeffer
1 EL gehackte Petersilie

Zwiebeln, Möhren, Lauch, Petersilienwurzel, Knollen- und Staudensellerie putzen und grob würfeln. Tomaten ungepellt vierteln. Vom Fleisch, wenn nötig, Fett und Sehnen abschneiden. Fleisch salzen und pfeffern. Öl in einem Schmortopf erhitzen, Rindfleisch mit dem Ochsenschwanz darin von allen Seiten vorsichtig anbraten, anschließend herausnehmen.
Das vorbereitete Gemüse und die Tomaten im Bratfett weich dünsten. Die ungepellten Knoblauchzehen, die Kräuter im Ganzen und die Lorbeerblätter zugeben und kurz mitdünsten. Jetzt Rinderbrühe und Rotwein zugießen, kurz aufkochen und das Fleisch wieder in den Topf geben. Topf verschließen und in den auf 175 °C (Heißluft 150 °C) vorgeheizten Backofen auf die unterste Einschubleiste stellen. Das Fleisch 1½ Stunden schmoren lassen. Es muß alle 15 Minuten gewendet werden. Dabei bei Bedarf etwas Brühe nachgießen. Das gegarte Fleisch aus dem Topf nehmen und warm stellen.
Den Schmorfond, ohne Ochsenschwanz, Lorbeer und Knoblauch mit dem Schneidstab vom Handrührgerät pürieren, anschließend durch ein Sieb in einen anderen Topf passieren und mit Crème fraîche aufkochen. Die Sauce, wenn nötig, salzen und pfeffern. Das Fleisch in Scheiben servieren und mit etwas Sauce begießen. Mit Petersilie bestreuen.
Die Zutaten für den Nudelteig gut durchkneten, bis ein fester Teig entsteht. In Klarsichtfolie wickeln und eine Stunde ruhen lassen. Ausrollen und zu Bandnudeln schneiden oder durch die Nudelmaschine drehen. In Salzwasser al dente kochen, in Eiswasser abschrecken. In einem Topf in Butter wieder erhitzen (kann auch später gemacht werden). Mit Salz und Pfeffer würzen, mit gehackter Petersilie bestreuen.

Gemüsebeilage: Junge Erbsen

Wiener Saftgulasch

1,2 kg Rinderhüfte
1 kg Zwiebeln
6-8 EL Butterschmalz
30 g Paprikapulver, edelsüß
4 Tomaten, geviertelt
1 EL Tomatenmark
2-3 EL Weißweinessig
1,5 l Rinderfond
(oder Wasser)
10 Pfefferkörner
3 Lorbeerblätter
abgeriebene Schale von
½ Zitrone (unbehandelt)
Salz
½ EL Weizenmehl
4 EL Butterschmalz
½ TL Kümmel
2 Knoblauchzehen
etwas frischer Majoran

Für die Einlage:
1 Paprikaschote, grün
1 Paprikaschote, gelb
3 EL Olivenöl
Salz
frisch gemahlener Pfeffer

Rindfleisch von Sehnen und Häuten befreien und in ca. 3 x 3 cm große Würfel schneiden. Zwiebeln abziehen und in feine Streifen schneiden. Butterschmalz in einem großen Topf heiß werden lassen und die Zwiebelstreifen unter ständigem Rühren goldgelb braten. Dann den Topf kurz vom Feuer nehmen, Zwiebeln leicht auskühlen lassen, sonst würde das Paprikapulver sofort verbrennen und das Gulasch bitter werden. Zwiebelstreifen mit Paprikapulver bestäuben, Tomatenviertel und Tomatenmark hinzufügen. Den Topf wieder auf den Herd stellen und kurz durchrösten. Mit Weißweinessig ablöschen und den Rinderfond aufgießen. Pfefferkörner, Lorbeerblätter, Zitronenschale und Salz beigeben und das Ganze nun ½ Stunde schwach köcheln lassen, bis es auf ein Drittel eingekocht ist. Durch ein feines Sieb passieren.
Es ist wichtig, die Zwiebeln gut durchzudrücken, da sie die Sauce binden. Gulaschfleisch mit Mehl bestäuben und in einem Topf mit heißem Butterschmalz anbraten. Mit dem Zwiebelsaft auffüllen und das Fleisch in dem Saft etwa ½ bis ¾ Stunde weich dünsten. Kümmel, Knoblauchzehe und Majoran ganz fein hacken und zu dem weich gedünsteten Fleisch geben.
Mit Salz und Pfeffer abschmecken. Paprikaschoten putzen, waschen und in Streifen schneiden. In heißem Öl anbraten, mit Salz und Pfeffer würzen und zu dem Gulasch geben.

Als Beilage empfehle ich in Butter gebratene Spätzle mit frisch gehackter Petersilie.

die Profis kochen

Mongolischer Feuertopf

600 g Lammrückenfilet
100 g Buchweizennudeln
100 g Sesamnudeln
Salz
2 TL Speiseöl
100 g Austernpilze
100 g Shiitakepilze
15 g Mu Err-Pilze
2 Möhren
125 g Weißkohlblätter
125 g Brokkoli
8 Frühlingszwiebeln
2 l Gemüsefond
2 EL helle Sojasauce
1½ TL schwarzer Pfeffer

Fleisch von Fett und Sehnen befreien und in ca. 0,5 cm dünne Scheiben schneiden. Die Nudeln getrennt in reichlich Salzwasser aufkochen und 2 Minuten sprudelnd kochen lassen. Abgießen, kalt abschrecken und jeweils mit einem Teelöffel Öl vermischt in kleine Schälchen geben. Pilzstiele abschneiden, Hüte in Streifen schneiden, geschälte Möhren in Scheiben und gewaschene Kohlblätter in Rauten schneiden. Brokkoli in Röschen und Stiele teilen. Mu Err-Pilze mit kochendem Wasser überbrühen und ½ Stunde einweichen. Frühlingszwiebeln vom Wurzelansatz und welken grünen Blättern befreien, längs halbieren, waschen und in Stücke schneiden. Fleischscheiben und zerkleinertes Gemüse auf verschiedenen Tellern anrichten. Gemüsebrühe in einem Topf aufkochen, mit Sojasauce und Pfeffer würzen und in einen speziellen Feuertopf oder in einen normalen Topf für Fleischfondue füllen.

Auf dem Eßtisch Eßschälchen und Stäbchen (oder Fonduegabeln) bereitstellen, bzw. -legen. Fleisch- und Gemüseteller sowie Nudelschälchen auf dem Tisch arrangieren. Topf mit Brühe auf dem Rechaud in die Mitte stellen.

Zum Essen den Topf mit einer Portion Gemüse, Fleisch und Nudeln füllen. Jeder fischt mit Stäbchen oder Fonduegabeln die gegarten Zutaten heraus. Zum Schluß die Brühe auf die Eßschälchen verteilen. Feste Zutaten mit den Stäbchen essen, Brühe trinken.

Warmer Apfelkuchen

Für den Teig:
45 g Butter
1 Prise Salz
1 EL abgezogene, geriebene Mandeln
30 g Puderzucker
abgeriebene Schale von ½ Zitrone (unbehandelt)
70 g Weizenmehl
25 g Speisestärke

Für die Füllung:
80 g Butter
2 Eiweiß
70 g Puderzucker
30 g Weizenmehl
3 EL abgezogene, gemahlene Mandeln
120 g Apfelmus

Für die Apfel-Haselnuß-Masse:
40 g Haselnußkerne
4 geschälte, geriebene, mittelgroße Äpfel (Boskop)
50 g Marzipanrohmasse
50 g Butterflöckchen
etwas Zimtzucker

Puderzucker zum Bestäuben

Für den Teig alle Zutaten zu einem glatten Teig verkneten. In Klarsichtfolie eingewickelt eine Stunde im Kühlschrank ruhen lassen. Ausrollen und eine Tortenform (etwa 26 cm Durchmesser) mit dem Teig auslegen.
Für die Füllung Butter leicht braun werden lassen, abkühlen. Eiweiß und Puderzucker mit dem Stabmixer verrühren und die ausgekühlte, braune Butter langsam einfließen lassen. Anschließend gesiebtes Mehl und Mandeln untermixen. Mit dem Apfelmus vermischen. Füllung auf dem Teig verteilen.
Für die Apfel-Haselnuß-Masse Haselnüsse rösten und mahlen, Äpfel schälen, das Kerngehäuse herausschneiden und grob reiben. Beides miteinander vermischen und auf dem Kuchen verteilen. Marzipanrohmasse in ganz dünne Scheiben schneiden und auf die Apfel-Haselnuß-Mischung legen.
Butterflöckchen darauf setzen und mit Zimtzucker bestreuen. Bei 200 °C (Heißluft 180 °C) 20 Minuten backen. Den fertigen Kuchen mit Puderzucker

Quickies in der Küche – schnell gekocht und gut gegessen

Alexander kommt gern schnell zur Sache

Baguette mit überbackenem Ziegenkäse regt den Appetit an

Vorher: **Überbackenes Ziegenkäse-Baguette**, dann: **Spargel mit Schinken**, und: **flambierte Bananen**

nur nichts anbrennen lassen...

Quickies in der Küche

Alexander eilt der Ruf voraus von der schnellen Sorte zu sein, außer wenn es sich um sportliche Betätigung handelt. Ansonsten aber sieht er Geschäfte und andere Arbeiten am liebsten schnell erledigt, damit mehr Zeit für die angenehmeren Dinge des Lebens bleibt.
Lange Zeit war er daher auch mit Currywurst, Hamburger und sonstigem Fast Food zufrieden - schnell bedient, schnell gegessen und fertig. Eines Tages war Alexander aber dann doch der Unterschied zwischen Nahrungsaufnahme und Essen klar geworden. Nur beim Kochen selbst kann es ihm immer noch nicht schnell genug gehen und heute erst recht nicht, da er zusammen mit seinem besten Freund Peter, Jutta und Sonja eingeladen hat.
Ursprünglich hatte Alexander Jutta zu einem „diner à deux" einladen wollen. Da er aber von Peters und Sonjas Faible füreinander weiß und zumindest Peter immer alles anbrennen läßt, will Alexander die beiden ebenfalls in den Genuß seiner Kochkunst kommen lassen.

Anfrieren

Um nicht gleich mit der aphrodisischen Tür ins Haus zu fallen – Alexander will mit Spargel und Rührei eines seiner Leibgerichte servieren – kann er Peter dazu überreden, als Appetithappen Feldsalat mit Speck und mit Ziegenkäse überbackenes Weißbrot vorzubereiten. Mit Unbehagen unterbrechen wir an dieser Stelle die sich anbahnenden zarten Bande durch vergleichsweise profane Tips zur Salatzubereitung, aber Johann Lafer verspricht, sich kurz zu fassen.
„Für die Zubereitung von Feldsalat wie generell für alle Blattsalate gilt zunächst ebenfalls das Gebot der Zartheit: Zunächst müssen beim Feldsalat die Wurzelenden abgeschnitten und fehlerhafte Blätter vorsichtig entfernt werden. Nach sorgfältigem Waschen, am besten in einem großen Gefäß oder dem Waschbecken, sollte man den Salat

Überbackenes Ziegenkäse-Baguette

1. Radicchio putzen, die Blätter auseinanderpflücken, waschen, trockentupfen. Salatgurke waschen, abtrocknen, in Scheiben schneiden.
2. Baguette-Brötchen aufschneiden, mit Knoblauchbutter bestreichen, im vorgeheizten Backofen bei etwa 220 °C (Heißluft etwa 180 °C) 5-6 Minuten rösten.
3. Die Baguette-Brötchen zuerst mit Radicchioblättern, dann mit Gurkenscheiben und je einer Scheibe Ziegengouda belegen.
4. Die Baguette-Brötchen nochmals kurz in den Backofen schieben, bis der Käse geschmolzen ist.
5. Gefüllte grüne Oliven und Pfeffergürkchen auf vier Partyspieße stecken, die Baguette damit garnieren.

1 kleiner Kopf Radicchio
½ Salatgurke
4 Baguette-Brötchen
4 EL Knoblauchbutter
4 längliche Scheiben Ziegengouda
gefüllte grüne Oliven
Pfeffergürkchen

entweder gut abtropfen lassen, oder ihn in einem sauberen Küchentuch ausschwingen (das bewährte Prinzip der Salatschleuder!), damit die Struktur nicht zerstört wird. Keinesfalls darf der Salat beim Waschen, Trocknen oder später beim Marinieren zusammengedrückt werden. Um den Speck besser in Würfel schneiden zu können, ihn vorher im Tiefkühler kurz anfrieren lassen. Speck kann übrigens ohne zusätzliches Fett angebraten werden. Beim Marinieren ist darauf zu achten, daß nicht der Salat gewürzt wird, sondern die Salatsauce. Frisch gemahlene Gewürze sind dabei immer vorzuziehen. Und schließlich: Mit einer Prise Zucker erreicht man einen den Gaumen erfreuenden, süß-sauren Geschmack der Marinade."

Speck vor dem Schneiden kurz anfrieren

Kopfschutz und feuchte Tücher

Alexander hat mittlerweile den Spargel geschält und ihn anschließend gewaschen. Seine Idee, Mitte Januar Stangenspargel zu kochen, findet Johann Lafer im Prinzip nicht schlecht, nur ist es natürlich im Mai und Juni, der klassischen Spargelzeit, sehr viel einfacher, frischen Spargel zu bekommen. Johann Lafer: „Frischen Spargel erkennt man an seiner zartweißen Farbe. An den Schnittstellen sollte er saftig sein, was man sehr einfach durch vorsichtiges Zusammendrücken feststellen kann.

Schälen muß man die Spargelstangen wegen der empfindlichen Köpfe immer von oben nach unten, holzige Stellen sollte man vollständig wegschneiden. Will man den geschälten Spargel noch kurze Zeit lagern, so ist es auf jeden Fall das beste, ihn in ein feuchtes Tuch zu wickeln. Zum Kochen eignet sich ein hoher Topf besonders gut, da die Spargelköpfe eine geringere Garzeit benötigen als der übrige Stengel. Gekocht wird der Spargel mit Salz, als vorzüglicher Aromageber eignet sich Butter. Gibt man ins kochende Wasser noch Zitrone oder Ascorbinsäure (das ist kein schnellwirkendes Gift, sondern die chemische Bezeichnung für Vitamin C), dann ist gewährleistet, daß auch der gare Spargel weiß bleibt."

Spargel mit Schinken

1 kg Spargel
375 ml (3/8 l) Wasser
1 TL Salz
1 Prise Zucker
1 Prise Ascorbinsäure
70 g Butter

1. Spargel von oben nach unten schälen, darauf achten, daß die Schalen vollständig entfernt sind, die Köpfe aber nicht verletzt werden.
2. Die unteren Enden gerade und alle Stangen gleichlang schneiden, holzige Stellen völlig wegschneiden.
3. Den Spargel waschen, bündeln, zum Kochen bringen, den Spargel hineingeben, zum Kochen bringen.
4. In 15-20 Minuten gar kochen lassen. Den garen Spargel mit einem Schaumlöffel vorsichtig herausnehmen, auf eine vorgewärmte Platte legen, die Fäden entfernen.
5. Butter zerlassen, nach Belieben bräunen, zu dem Spargel reichen.

den Spargel mit Salz, Butter und Zitrone kochen

Antauen und Flambee

Alexander möchte das Menü mit einem heiß-kalten Höhepunkt abschließen: Seine in Butter und Honig gedünsteten Bananen will er effektvoll mit Rum flambieren und dazu Vanilleeiskugeln servieren. Johann Lafer: „Wenn man das Eis etwas antauen läßt, dann lassen sich die Kugeln sehr viel leichter formen. Und: Der Sinn des Flambierens liegt, neben dem eindrucksvollen Effekt, hauptsächlich darin, daß der Alkohol verdampft und das Aroma des jeweiligen Getränks erhalten bleibt."

Wer wie Alexander Bananen und Eis abschließend mit Zimt und Vanille bestreut, rundet das Dessert nicht nur geschmacklich ab, sondern setzt damit ein weiteres, dezent aphrodisisches Zeichen...

Flambierte Bananen

1. Sahne fast steif schlagen, den Vanillin-Zucker unterrühren, fertig schlagen.
2. Bananen schälen, halbieren, mit der Hälfte des Zitronensaftes beträufeln. Butter in einer Pfanne erhitzen, den Zucker hinzufügen, hellbraun werden lassen, mit dem restlichen Zitronensaft und dem Zitronensaft von den Bananen ablöschen. Bananenhälften hineingeben, unter häufigem Wenden braten.
3. Mit Rum und Grand Marnier begießen. Den Alkohol vorsichtig an einer Ecke der Pfanne anzünden. Abbrennen lassen.
4. Die Bananen auf vier Teller verteilen, die Schlagsahne dazugeben.

250 ml (1/4 l) Schlagsahne
1 Päckchen Vanillin-Zucker
1 TL gemahlener Zimt
4 Bananen
4 EL Butter
4 EL Zucker
4 EL Rum
1 EL Grand Marnier
Saft von 1 Zitrone

der Sinn des Flambierens liegt neben dem Effekt natürlich auch im Aroma

die Bananen beim Flambieren mit Zucker und Zimt bestreuen

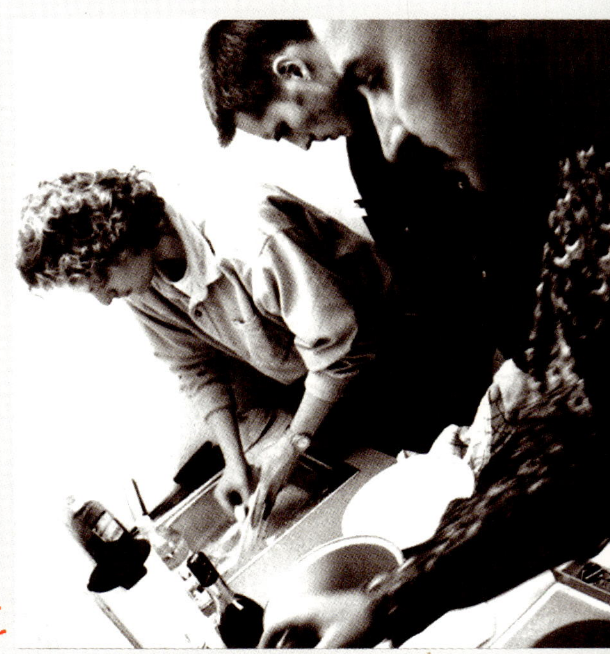

prost

bon appétit
buen gusto

Muschelspieße

1 kg Muscheln
500 ml (1/2 l) Wasser
250 ml (1/4 l) Weißwein
Salz
1 Zwiebel, in Streifen geschnitten
1/4 Bund Dill
2 Chilischoten
3 Lorbeerblätter

20 dünne Scheiben geräucherter Frühstücksspeck
1 Glas (225 g) Perlzwiebeln
100 g grüne Oliven ohne Stein
2 Zucchini (in dicke Stifte geschnitten)
1 Stück rote Paprikaschote (in Stifte geschnitten)
1 Zweig Lorbeerblätter
3 EL Olivenöl

Für die Vinaigrette:
40 g Schalotten, fein gehackt
125 ml (1/8 l) Olivenöl
4-6 EL milder Weißweinessig
frisch gemahlener Pfeffer
2 EL gehackter Estragon, ersatzweise Petersilie

Muscheln putzen, unter fließendem kaltem Wasser abbürsten (Muscheln müssen fest verschlossen sein). Wasser, Weißwein und Salz zum Kochen bringen. Zwiebel, Dill, Chilischoten und Lorbeerblätter dazugeben, die Muscheln kurz abgedeckt kochen lassen (nur die aufgesprungenen Muscheln sind gut). Aus dem Wasser nehmen, abkühlen lassen und das Muschelfleisch aus der Schale nehmen.
Das ausgebrochene Muschelfleisch mit den Frühstücksspeckscheiben umwickeln und dann mit allen Zutaten nach Belieben auf einen Schaschlikspieß stecken. Die Spieße in Olivenöl in einer Pfanne braten.
Für die Vinaigrette alle Zutaten in einer Schüssel verrühren und die Spieße damit noch in der Pfanne übergießen.

Tiroler Gröstl

3 - 4 EL Speiseöl
1 Zwiebel
1 Knoblauchzehe
300 g Schweinebraten
100 g große eingelegte Gewürz- oder Essiggurken
Salz
frisch gemahlener Pfeffer
Paprika edelsüß
500 g gekochte Pellkartoffeln (vom Vortag)
1 EL frisch gehackter Majoran
2 EL grob gehackte Petersilie

Das Öl erhitzen. Die Zwiebel und Knoblauchzehe abziehen, beides fein würfeln und in dem Öl goldgelb andünsten. Den Schweinebraten in kleine Würfel schneiden, dazugeben, kurz miterhitzen. Die Gurken kleinschneiden, dazugeben, mitbraten. Das Ganze mit Salz, Pfeffer und Paprika kräftig würzen. Die Pellkartoffeln schälen, in kleine Würfel schneiden und mit dem Fleisch und den Zwiebeln goldbraun braten. Zum Schluß den Majoran und die Petersilie dazugeben und nochmals mit Salz und Pfeffer abschmecken.

Tip: Anstatt des Schweinebratens können hierzu alle Bratenreste und auch Fleischwurst oder Leberkäse genommen werden. Als Beilage zu dem Tiroler Gröstl schmeckt ein gemischter grüner Salat.

Mozzarella und Tomaten in Olivenöl-Vinaigrette

8 Tomaten
250 g Mozzarella
etwas frischer Salat, z.B. Löwenzahn, Lollo Rosso, Feldsalat, Eichblattsalat usw.
100 ml Olivenöl (kaltgepreßt)
4 EL Himbeeressig
Salz, Pfeffer, Zucker
2 Schalotten
frisches Basilikum
50 g geröstete Pinienkerne
1 EL geröstete Sesamsamen

Tomaten waschen, den Stengelansatz herausschneiden. Die Tomaten und den Mozzarella in Scheiben schneiden. Salat putzen und waschen, trockenschleudern. Öl und Essig glattrühren und mit Salz, Pfeffer und Zucker würzen. Die abgezogenen, kleingeschnittenen Schalotten und das abgespülte, feingeschnittene Basilikum dazugeben. Pinienkerne und Sesamsamen dazugeben. Die Tomaten und den Mozzarella im Kreis anrichten, mit dem Salat garnieren und mit der Vinaigrette überziehen.

Feines vom Lachs

Für die Rösti:
400 g Kartoffeln
8-10 EL Speiseöl
Salz
frisch gemahlener Pfeffer

Für das Lachstatar:
200 g frisches Lachsfilet, ohne Haut und Gräten
1 feingeschnittene Schalotte
½ TL Koriander, gemahlen
1 TL Dill, gehackt
4 EL Olivenöl
Saft von ½ Zitrone
8 Scheiben Räucherlachs, etwa 200 g
100 g verschiedener Blattsalat, z. B. Friséesalat, Lollo Rosso, Lollo Bianco
2 Avocados
etwa 4 EL Walnußöl
etwa 3 EL Balsamessig
1 Prise Zucker
12 Walnußkerne

Für die Dillcreme:
3 EL Crème fraîche
Saft von ½ Zitrone
1 EL gehackter Dill
2 EL Milch
Dillsträußchen

Räucherlachs und Lachstatar im Rösti mit Salaten und Avocados

Kartoffeln waschen und schälen. Erst in dünne Scheiben, dann in streichholzdicke Stifte schneiden. Öl in einer kleinen Pfanne verteilen und im heißen Öl nacheinander jeweils ein Viertel der Kartoffelstäbchen flachdrücken, von beiden Seiten goldgelb braten. Mit Salz und Pfeffer würzen. Die Rösti warm stellen.
Die Rösti aus der Pfanne nehmen und flach, zum Abtropfen, auf Küchenpapier legen. Mit dem Papier wieder zurück in die Pfanne legen.
Lachsfilet in ganz kleine Würfel schneiden, in eine Schüssel geben, die restlichen Zutaten hinzugeben, gut vermengen und mit Salz, Pfeffer und Zitronensaft abschmecken.
Je zwei Scheiben Räucherlachs auf einem Rösti ausbreiten und darauf das Lachstatar verteilen. Die Rösti in der Pfanne nochmals kurz auf der Herdplatte erhitzen, da Rösti sich in kaltem Zustand nicht biegen lassen. Die Rösti nun vorsichtig zusammenrollen und aus jeder Rolle zwei Teile schneiden.
Salate putzen und waschen, abtropfen lassen. Avocados schälen und in Spalten schneiden. Mit Walnußöl, Balsamessig, Salz, Pfeffer und Zucker marinieren und dekorativ zu den Rösti auf Tellern anrichten. Die Walnußkerne ebenfalls auf die Teller verteilen.
Für die Dillcreme alle Zutaten in eine Schüssel geben und gut glattrühren. Zu den gefüllten Rösti servieren. Mit den Dillsträußchen den Teller garnieren.

Kaiserschmarren mit Apfelkompott

150 ml Milch
80 g Weizenmehl
abgeriebene Schale von 1 Zitrone (unbehandelt)
1 Vanilleschote
50 g Zucker
1 EL Rum
40 g verlesene Rosinen
3 Eier
40 g Butter
Zucker zum Bestreuen

Für das Apfelkompott:
500 g Äpfel
125 ml (1/8 l) Weißwein
125 ml (1/8 l) Apfelsaft
Saft von 1 Zitrone
abgriebene Schale von 1 Zitrone (unbehandelt)
1/2 Zimtstange
8 Gewürznelken
1 EL Rum

Milch und Mehl miteinander verrühren. Zitronenschale, ausgekratztes Vanillemark, Zucker, Rum und Rosinen zugeben und alles gut glattrühren. Die Eier mit dem Schneebesen vorsichtig glattrühren, zu der Masse geben. Butter in einer Pfanne heiß werden lassen, die Masse hineingeben und für 10-15 Minuten bei etwa 200 °C (Heißluft etwa 180 °C) in den Backofen schieben. Danach umdrehen und mit Hilfe von zwei Gabeln in Stücke zerreißen. Mit Zucker bestreuen und sofort servieren.
Für das Apfelkompott die Äpfel schälen, entkernen und in Spalten schneiden. Weißwein, Apfelsaft, Zitronensaft, Zitronenschale, Zimtstange und Gewürznelken in einen Topf geben und aufkochen. Die Apfelspalten darin weich dünsten und auskühlen lassen. Rum hinzugeben und etwa 1 Tag stehenlassen.

Feine Nudeln mit Lachs

50 g Butter
60 g Schalotten, in kleine Würfel geschnitten
200 ml Schlagsahne
100 ml Weißwein
Salz
frisch gemahlener Pfeffer

400 g Lachsfilet ohne Haut und Gräten
200 g Nudeln
30 g frische Basilikumblätter

Butter zerlassen, mit den Schalottenwürfeln in einem Topf kurz andünsten, ohne daß sie Farbe nehmen. Mit Sahne und Weißwein auffüllen und einkochen lassen. Mit Salz und Pfeffer würzen. Lachsfilet in Würfel von ca. 2 x 2 cm schneiden und in der eingekochten Sahne mit Weißwein kurz garen, vorsichtig mit einem Schaumlöffel herausnehmen. Die vorher in Salzwasser gar gekochten Nudeln dazugeben und erhitzen. Nochmals mit Salz und Pfeffer abschmecken. Basilikum abspülen, trockentupfen, in feine Streifen schneiden. Die gegarten Lachswürfel dazugeben und zum Schluß die Basilikumstreifen unterheben.

Zuckerhaube fürs Gratin

Gratinierte Früchte

50 g Erdbeeren
50 g Himbeeren
50 g Brombeeren
1 Pfirsich, 1 Kiwi
1 Mango

Für die Gratiniermasse:
4 Eigelb
60 g Puderzucker
80 ml Sekt
Saft von 1/2 Zitrone
Schale von 1/2 Zitrone (unbehandelt)
80 ml Schlagsahne

Erdbeeren, Himbeeren, Brombeeren putzen und waschen. Die Erdbeeren vierteln. Pfirsich schälen und in Spalten schneiden. Kiwi schälen, halbieren und in Scheiben schneiden. Die Mango ebenfalls schälen und in Spalten schneiden.
Eigelb, Puderzucker, Sekt, Zitronensaft und -schale verrühren, über dem Wasserbad gut schaumig schlagen. Vom Herd nehmen und so lange schlagen, bis die Masse kalt ist. Sahne steif schlagen und unterheben. Die Früchte in eine Gratinform verteilen, mit der Gratinmasse bedecken und nun im Backofengrill überbacken, bis die Oberfläche eine goldgelbe Farbe bekommt. Mit Puderzucker bestäuben und servieren.

Steak mit Kartoffeln in der Pfanne

4 große Kartoffeln
etwas Speiseöl
4 Rinderfilets à 180 g
Salz
frisch gemahlener Pfeffer
1 EL gehackte Petersilie

Für die Kräuterbutter:
250 g weiche Butter
4 EL Schnittlauchröllchen
2 EL gehackte Petersilie
Saft von 1 Zitrone
Salz
frisch gemahlener Pfeffer

Die Kartoffeln mit der Schale waschen, in etwa 5 mm dicke Scheiben schneiden. Das Öl in einer großen, feuerfesten Pfanne erhitzen, die Kartoffelscheiben und die Rinderfilets darin von beiden Seiten anbraten. Anschließend die Pfanne auf dem Rost in den Backofen schieben und bei etwa 200 °C (Heißluft: etwa 180 °C) 8-10 Minuten braten.

Wenn die Steaks fertig sind (je nach Wunsch medium, bleu oder durchgebraten), herausnehmen und etwas ruhen lassen. Die Kartoffeln auf der Herdplatte fertig garen, mit Salz und Pfeffer würzen, Petersilie hinzufügen. Die Steaks wieder mit in die Pfanne geben und erwärmen.

Für die Kräuterbutter die Butter mit den Kräutern, Zitronensaft, Salz und Pfeffer in einer Küchenmaschine gut verrühren. In einen Spritzbeutel füllen, kleine Rosetten auf Pergamentpapier spritzen und 2 Stunden in den Kühlschrank stellen, bis die Kräuterbutter wieder fest ist. Die Butter zu den Steaks servieren.

Carne Vale – kein Fleisch in der

Küche

Zuerst: **Artischocken mit Quark-Dip**, dann: **paniertes Sellerieschnitzel mit Gemüsereis**, zum Dessert: **Flan Karamel**

Carne Vale – kein Fleisch in der Küche

„...Zuletzt wird das Fell über den Kopf gezogen, wobei man die Ohren von innen her abschneidet und auch sonst mit dem Messer nachhilft, besonders an den Augen..."

„...Das Ausnehmen beginnt am Kopfe. Falls man es nicht vorzieht, ihn abzuschlagen, schneidet man Schnabel und Zunge weg und sticht Augen und Ohren aus. Dann macht man am unteren Teil des Halses einen Schnitt und holt Gurgel und Schlund heraus..."

heute keine Lust auf Fleisch

„...Damit die Krebse möglichst schnell getötet werden, sie mit dem Kopf zuerst einen nach dem anderen in das stark kochende Wasser werfen, es bei starker Hitze wieder zum Kochen bringen und die Krebse bei schwacher Hitze noch etwa 5 Minuten ziehen lassen..."

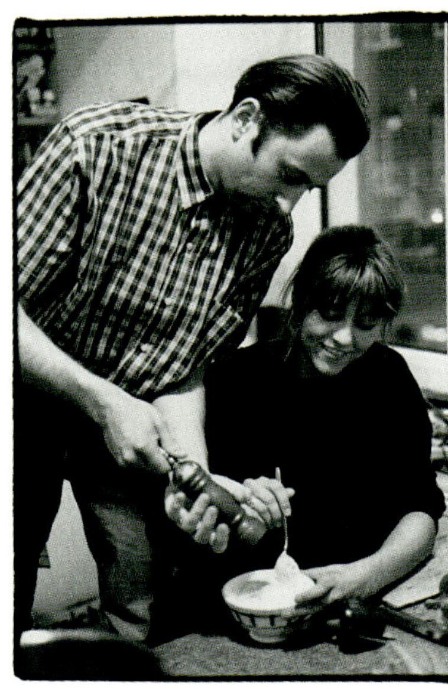

Artischocken

4 Artischocken
Zitronensaft
Salz

1. Die Artischocken waschen, äußere unansehnliche Blätter auszupfen.
2. Mit einem scharfen Messer das obere Viertel und die Stiele abschneiden. Mit einer Küchenschere die Blattspitzen gerade abschneiden.
3. Die Schnittfläche mit Zitrone abreiben.
4. Die Artischocken in kochendes Salzwasser geben und zugedeckt bei schwacher Hitze etwa 30 Minuten köcheln. Beim Einstechen müssen sich die Böden weich anfühlen.
5. Die Artischocken mit einem Schaumlöffel herausnehmen und mit dem Boden nach oben auf einem Sieb abtropfen lassen.

Beim Lesen dieser Stellen aus einem älteren Kochbuch, das er sich von seiner Mutter ausgeliehen hat, läuft Stephan ein leichter Schauer über den Rücken.
Stephan und seine Freundin Daniela haben an diesem Abend das Babysitten für Julias eineinhalbjährigen Sohn Willy übernommen. Den Abend bei Stephan zu Hause wollen sie zum gemeinsamen Kochen nutzen. Daniela ist Vegetarierin, wobei sie auf Milchprodukte in ihrer Ernährung nicht gänzlich verzichtet. Stephan, der normalerweise gerne Fleisch ißt, hat nach der Lektüre ausnahmsweise nichts dagegen, daß er das Fleischkapitel des Kochbuchs überfliegen und gleich zu den vegetarischen Gerichten übergehen kann.
Julia, die an diesem Abend mit einer Freundin ins Kino gehen will, ist mit Willy schon etwas früher gekommen, um ihm die Chance zu geben, die Umgebung seines heutigen Schlafplatzes ausgiebig zu erkunden. So ergibt sich außerdem für Willy und seine Mutter der angenehme Nebeneffekt, daß sie an der köstlichen Vorspeise partizipieren können.

Artischocken schocken nicht

Quark-Dip

1. Magerquark mit Zitronensaft, Cayennepfeffer, Honig, Meersalz, Paprikapulver und gehackter Petersilie verrühren.
2. Paprikaschote halbieren, entkernen, die weißen Scheidewände entfernen, die Schote waschen, fein würfeln.
3. Zwiebel abziehen, fein würfeln.
4. Tomate entkernen, die Stengelansätze herausschneiden, Tomate würfeln.
5. Artischockenböden würfeln.
5. Gemüsewürfel mit der Quarkmasse verrühren.
Den Dip zu geröstetem Vollkornbrot oder Gemüsesalat servieren.

200 g Magerquark
1 EL Zitronensaft
1 Msp. Cayennepfeffer
1 TL Honig
Meersalz,
aus der Mühle
1 Msp. Paprikapulver
1 EL gehackte Petersilie
1 kleine, rote Paprika
1 Zwiebel
1 große, enthäutete Fleischtomate
100 g Artischockenböden

1. Metzgersgang: Fleischeslust

Als Vorspeise haben Stephan und Daniela gekochte Artischocken mit einem Quark-Dip vorgesehen.

„Bei den Artischocken wird nur der fleischige Blütenboden gegessen und der ebenfalls fleischige, untere Teil der dachziegelartig übereinanderliegenden Blütenblätter ausgesogen", bemerkt Johann Lafer. „Eigentlich kann man bei der Zubereitung von Artischocken nicht viel falsch machen", fährt er fort.

Gemüse lieber dämpfen statt kochen

„Man sollte nur darauf achten, daß zur Zubereitung keine Aluminiumgefäße benutzt werden, da sich die Artischocken sonst grau-schwarz verfärben. Gar sind die Artischocken dann, wenn sich die Blütenblätter leicht herausziehen lassen.

Zum Kochen von Gemüse ist ganz allgemein zu sagen, daß dies eigentlich nur sinnvoll ist, wenn man das Kochwasser später für eine Suppe oder eine Sauce benötigt, da ein großer Teil der Nährstoffe ausgelaugt wird und in das Kochwasser übergeht. Ansonsten sind das Dämpfen oder das Dünsten von Gemüse sehr viel schonender, das heißt mit weniger Nährstoff- und Geschmacksverlust verbunden."

Paniertes Sellerieschnitzel

- 2 Sellerieknollen à 500 g
- 2 EL Zitronensaft
- 1/4 Bund Thymian
- Salz, weißer Pfeffer
- 3 EL Weizenmehl
- 2 verquirlte Eier
- 200 g Semmelbrösel
- 5 EL Speiseöl
- 50 g Butter

1. Sellerieknollen putzen, schälen, in acht Scheiben schneiden.
2. Wenig Wasser mit Zitronensaft und Thymian aufkochen, Selleriescheiben darin gar dünsten, bis die Flüssigkeit verdampft ist. Selleriescheiben herausnehmen, salzen und pfeffern.
3. Die Scheiben zuerst in Mehl, dann in verquirltem Ei und zuletzt in Semmelbröseln wenden.
4. In heißem Öl goldgelb ausbacken. Bevor die Scheiben fertig sind, Butter in die Pfanne geben. Die fertigen Sellerieschnitzel auf Küchenpapier abtropfen lassen.

2. Metzgersgang: Schneiderschnitzel

Der kleine Willy hat bei der Zubereitung des Dips für die Artischocken tatkräftig mitgeholfen und die für ihn neue Gemüse-Delikatesse gleich probiert und für lecker befunden. Nachdem er auch noch vom Nachtisch naschen durfte, hat ihn mittlerweile der Schlaf übermannt, was allen Beteiligten natürlich nicht ungelegen kommt; seiner Mutter nicht, die so noch rechtzeitig das Kino erreicht und Stephan und Daniela ebenfalls nicht, die sich auf ihr Dinner zu zweit freuen.

gebratenes Gemüse - ein neuer Geschmacksreiz

Stephan hat sich als Hauptgang ein Gericht überlegt, das selbst Daniela als eingefleischte Vegetarierin noch nicht kennt: Paniertes Sellerieschnitzel in einer Parmesankruste nach Schneider Art und als Beilage einen Gemüsereis.

Bei der von Stephan kreierten „Schneider Art" handelt es sich um in Weißwein gedünstetes Gemüse. Stephan nennt es deshalb so, weil man als Schneider diejenigen Jäger bezeichnet, die keine Beute gemacht haben. Eine Hommage an die wahren Helden eines jeden Vegetariers.

Gemüsereis

1. Möhre und Sellerie putzen, waschen, schälen.
2. Lauch putzen, längs halbieren, waschen.
3. Das Gemüse in Würfel schneiden.
4. Schalotten in der Butter glasig dünsten, Gemüse zugeben, 3 Minuten mitdünsten.
5. Reis hinzufügen und mit Weißwein und Gemüsebrühe aufgießen, aufkochen lassen und etwa 30 Minuten bei milder Hitze quellen lassen.
6. Schafskäse dazugeben und so lange verrühren, bis er geschmolzen ist.
7. Reis auf Teller geben, Sellerieschnitzel darauf legen.

1 Möhre
150 g Knollensellerie
1 kleine Stange Lauch
2 feingewürfelte Schalotten
1 EL Butter
200 g Naturreis
200 ml Weißwein
500 ml (1/2 l) Gemüsebrühe
150 g Schafskäsewürfel

Zum Braten und Backen von Gemüse meint Johann Lafer: „Generell haben Gemüsebratlinge wie auch gebackene Gemüse den entscheidenden Vorteil, daß durch das Braten oder Backen das Gemüse einen neuen Geschmacksreiz bekommt. Allerdings", schränkt der Meisterkoch ein „ist der Nährwertverlust des Gemüses durch das zweimalige Erhitzen, zunächst das Dämpfen und danach das Braten oder Backen, auch sehr hoch.

Reis nicht umrühren

Die Zubereitung von Reis, egal ob Brühreis oder Risotto, ist eigentlich kein Problem, wenn man zwei Dinge beachtet: Erstens ist beim Reis, wie übrigens auch bei allen anderen Getreideerzeugnissen, etwa Grieß oder Hirse, darauf zu achten, daß sie bei gleichmäßiger und milder Hitze garen. Um zweitens zu vermeiden, daß der Reis breiig wird, sollte man ihn während des Kochens oder Ausquellens nicht umrühren."

3. Metzgersgang: Flan am Stück

Wie so häufig beim Nachtisch, bedarf auch der Flan Karamel, den sich Stephan und Daniela als Dessert ausgesucht haben, einer längeren Vorbereitung.

„Zwar ist die Zubereitung an sich nicht weiter schwierig, jedoch muß man dem fertig angerührten Flan genug Zeit geben, um abzukühlen. Die Portionen läßt man am besten in Gläsern oder Tassen erkalten, deren Boden man zuvor schon mit etwas Karamelcreme bedeckt hat. Stülpt man später die Gläser mit dem abgekühlten Flan um", fährt Johann Lafer fort, „dann zerläuft die Karamelcreme langsam über dem festgewordenen Flan."

Flan Karamel

Für 6 Personen:
200 g feiner Zucker
50 ml Wasser
250 ml (1/4 l) Sahne
250 ml (1/4 l) Milch
3 Eier
1 Vanilleschote

1. In einem Topf 100 g Zucker mit dem Wasser kochen, bis der Zucker goldgelb ist. Mit diesem Karamel den Boden von 6 Förmchen etwa 3 mm bedecken. Kalt stellen.
2. Milch, Sahne und ausgekratzte Vanille aufkochen.
3. Eier und restlichen Zucker mischen. Unter ständigem Rühren die kochende Milch-Sahne-Mischung darübergeben. Wenn die Sahne dickflüßig ist, die Creme durch ein Sieb auf den erkalteten Karamel in die Förmchen geben.
4. Förmchen in die Fettfangschale stellen, zur Hälfte mit Wasser füllen. In den auf etwa 200 °C vorgeheizten Backofen stellen. Sobald das Wasser kocht, etwa 30 Minuten garen. Flan aus dem Ofen nehmen und kaltstellen. Erst nach dem Erkalten stürzen.

Roquette-Salat mit Haselnußvinaigrette und Pinienkernen

500 g Roquettesalat (Rucola)
25 g gehackte Haselnußkerne
2 abgezogene, gehackte Schalotten
50 ml Haselnußöl
2 EL Weißweinessig
5 EL Rinderbrühe
Salz
frisch gemahlener Pfeffer
1 Prise Zucker
etwas Schnittlauch
etwas Kerbel
100 g geröstete Pinienkerne

Für 6 Personen

Roquettesalat putzen, abspülen und trockenschleudern. Haselnußkerne kurz in einer Pfanne anrösten. Schalotten, Haselnußöl, Weißweinessig und Brühe dazugeben und alles gut vermengen. Mit Salz, Pfeffer und Zucker abschmecken. Abkühlen lassen.

Den Roquettesalat mit der Vinaigrette anmachen und auf einem Teller anrichten. Mit Schnittlauch, Kerbel und gerösteten Pinienkernen garnieren.

Graupensuppe

100 g Bünderfleisch
100 g geräucherter Speck
100 g Möhren, geschält
100 g Lauch, geputzt und gewaschen
100 g Sellerieknolle, geschält
1 große Zwiebel, abgezogen
etwas Butter
160 g grobe Graupen
etwas Speiseöl
2 l leichte Hühner- oder Rinderbrühe
150 g Crème fraîche
½ EL gehackter Thymian
1 TL gehackte Rosmarin
1 TL gehackter Majoran
1 TL gehackter Liebstöckel
Salz
frisch gemahlener Pfeffer

Für 6 Personen

Das Bündnerfleisch, den geräucherten Speck, die Möhren, den Lauch, Sellerie und die Zwiebel in Würfel schneiden.

Alle Zutaten in einem Topf in Butter andünsten und mit der Brühe auffüllen. Etwa 1½ Stunden leicht köcheln lassen. Wenn die Graupen gar sind, Crème fraîche und die Kräuter einrühren (nicht mehr kochen lassen). Mit Salz und Pfeffer abschmecken.

Kartoffelpraline mit Kopfsalat-Mais-Gemüse

600 g Kartoffeln
Salz
Kümmel
frisch gemahlener Pfeffer
geriebene Muskatnuß
3 Eigelb
50 g Rote Bete
50 g Spinat
2 EL Speisestärke
5 EL Sesamkörner
1 kleiner Kopfsalat
40 g Erbsen
Zucker
1 rote Paprikaschote
1 Knoblauchzehe
2 EL Pflanzenöl
60 g gegarter Mais
1 EL Sojasauce
1 Prise Zucker
1 TL Sesamöl
1 TL Pflanzenöl
1 Bund Blattpetersilie

Die Kartoffeln waschen und in der Schale mit Salz und Kümmel etwa 20 Minuten kochen. Wasser abschütten, die Kartoffeln bei 180-200 °C im Ofen ausdämpfen lassen und pellen. Durch die Kartoffelpresse drücken, mit Salz, Pfeffer und Muskat würzen und mit dem Eigelb zu einer glatten Masse verrühren.
Die Rote Bete waschen, weich kochen, schälen und zu Mus hacken. Den Spinat putzen, kurz in Salzwasser blanchieren, abschrecken, kräftig ausdrücken und ebenfalls zu Mus hacken.
Die Kartoffelmasse in drei gleich große Mengen teilen. Einem Teil die Rote Bete, dem zweiten den Spinat zugeben, dem dritten Teil nichts weiter hinzufügen. Der Spinat- und der Rote-Bete-Masse je einen Eßlöffel Speisestärke hinzufügen und gut vermengen.
Die Massen nun zu gleich vielen kleinen Bällchen formen. Jeweils die Naturmasse etwas plattdrücken, Rote-Bete-Bällchen darauf setzen, auch etwas plattdrücken und in die Mitte das Spinatbällchen geben. Wieder zu Kugeln verschließen. Außen ist die gelbe Masse, in der Mitte die grüne und dazwischen die rote. Die Kugeln leicht plattdrücken. In Sesamkörnern wenden.
Den Kopfsalat putzen, waschen und in feine Streifen schneiden. Die Erbsen in Salzwasser mit etwas Zucker kochen und abschrecken. Die Paprikaschote halbieren, entkernen, die weißen Scheidewände entfernen und die Haut mit einem Sparschäler abschälen. Paprikaschote in kleine Würfel schneiden. Die Knoblauchzehe abziehen, fein hacken. Öl in einer Pfanne erhitzen, den Knoblauch, Paprikawürfel und Kopfsalatstreifen dazugeben und mitdünsten.
Erbsen, Mais und Sojasauce zugeben und mit Zucker abschmecken. Ölsorten mischen und erhitzen, die Kartoffelpralinen vorsichtig von beiden Seiten darin braten und auf Küchenkrepp abtropfen lassen. Halbieren und auf dem Gemüse anrichten. Mit der Petersilie garnieren.

die hohe Schule
des Kochens

Penne all ´arrabbiata

250 g Penne
Salzwasser
4 Schalotten
2 Knoblauchzehen
40 g Butter
1 TL Tomatenmark
2 rote Chilischoten
500 ml (½ l) Tomatensaft
Salz, frischer Pfeffer
50 g Parmesan
gehackte Petersilienblättchen

Die Penne in reichlich Salzwasser al dente kochen. Sofort mit kaltem Wasser abspülen. Schalotten und Knoblauchzehen abziehen, fein hacken. Butter in einem Topf zerlassen und die Schalotten mit dem Knoblauch farblos darin andünsten. Tomatenmark und die kleingeschnittenen Chilischoten kurz mitrösten und mit Tomatensaft ablöschen. Das Ganze auf ein Drittel einkochen lassen. Dann durch ein feines Sieb passieren und mit Salz und Pfeffer abschmecken. Die Penne in die heiße Tomatensauce geben und glattrühren.
Auf dem Teller anrichten und mit Parmesan und gehackter Petersilie bestreuen.

Käserisotto mit Pilzen

400 g Risotto-Reis
2 EL gehackte Schalotten
1 EL Butter
4 EL kräftige Brühe
4 EL Schlagsahne
100 g geputzte Shiitake Pilze
100 g geputzte Champignons
100 g geputzte Austernpilze
3 EL Olivenöl
40 g geriebener Parmesan
frisch gemahlener Pfeffer
Salz
1 EL gehackte Petersilie
1 El Schnittlauchröllchen
2 EL Schlagsahne
evtl. etwas Kalbsjus

Für 6 Personen
Reis und die Hälfte der Schalotten in Butter andünsten, mit Brühe und Sahne nach und nach aufgießen. Der Reis muß noch bißfest sein. Die Pilze in Streifen schneiden und mit Olivenöl und den restlichen Schalotten und Parmesan anschwenken. Risotto und Pilze zusammenmischen. Mit Pfeffer und Salz würzen. Kurz vor dem Anrichten die Kräuter und die geschlagene Sahne unter das Risotto ziehen. Ein paar Pilze und eventuell etwas Kalbsjus als Garnitur servieren.

Sellerie-Apfel-Auflauf

1 Sellerieknolle
2 Äpfel, am besten Boskop
30 g Butter
125 ml (⅛ l) Schlagsahne
geriebene Muskatnuß
Salz
1 Prise Zucker
1 EL Preiselbeeren aus dem Glas
30 g Allgäuer Bergkäse

Sellerieknolle schälen und in feine Scheiben schneiden. Daraus kleine Kreise stechen. Äpfel schälen und in Scheiben schneiden. Die Scheiben sollten wegen der Garzeit etwas dicker sein als die Selleriescheiben. Eine Auflaufform mit Butter auspinseln, Sellerie- und Apfelscheiben abwechselnd einschichten.
Sahne mit Muskatnuß, Salz und Zucker einkochen. Über die Sellerie- und Apfelscheiben gießen, Preiselbeeren einstreuen und Bergkäse darüberreiben.
Für etwa 15-20 Minuten bei etwa 200 °C (Heißluft etwa 180 °C) in den vorgeheizten Backofen schieben.
Tip: Den restlichen Sellerie, der beim Ausstechen übrigbleibt, frisch oder als Suppengrün verwenden bzw. einfrieren.

Sesamkartoffelbällchen mit Maissabayon

500 g Kartoffeln, mehlig kochend
3 EL Möhrenwürfel
2 EL Zucchiniwürfel
1 EL Selleriewürfel
1 EL Frühlingszwiebel, feingehackt
½ TL Ingwer, feingehackt
½ TL Chili, feingeschnitten
1 TL fein geschnittene Korianderblätter
2 EL Traubenkernöl
1 TL Kurkuma
1 Msp. Kardamom
1 Msp. geriebene Muskatnuß
Salz
frisch gemahlener Pfeffer
3 Eigelb
5 EL Reis- oder Kartoffelstärke
4 Eier
100 g Sesamkörner
500 ml (½ l) Sojaöl

Für das Maissabayon:
100 g gegarte Maiskörner
50 g Maissaft
Saft von ½ Limone
3 Eigelb
je ½ grüne, rote und gelbe Chilischote

Die Kartoffeln schälen und in Salzwasser in etwa 25 Minuten sehr weich kochen. Abschütten und im Ofen auf einem Blech ausdampfen lassen, danach durch eine Kartoffelpresse drücken.
Möhren, Zucchini, Sellerie ~~und Frühlingszwiebel~~ putzen oder schälen, waschen und in feine Würfel schneiden.
Ingwer schälen und fein hacken, Chilischote halbieren, entkernen und fein schneiden, Korianderblätter ebenfalls fein schneiden. Traubenkernöl erhitzen, Gemüse und Kräuter darin andünsten, mit Kurkuma, Kardamom und Muskat würzen, auskühlen lassen und mit dem Kartoffelbrei mischen. Mit Salz und Pfeffer abschmecken. Nun die Masse mit ~~Eigelb und~~ 3 Eßlöffeln von der Reis- oder Kartoffelstärke vermengen.
Aus der Masse nun Bällchen formen und diese in der restlichen Reis- oder Kartoffelstärke wenden. Eier leicht verquirlen und die Bällchen darin wenden, danach mit den Sesamkörnern panieren. Leicht andrücken. Sojaöl auf 180 °C erhitzen und die Bällchen darin goldgelb ausbacken. Auf Küchenpapier abtropfen lassen.
Maiskörner fein hacken und mit dem Saft von Mais und Limone und dem Eigelb über dem Wasserbad zu einer dickflüssigen Masse aufschlagen, mit Salz und Pfeffer abschmecken.
Das Sabayon nun auf den Tellern verteilen und die Bällchen darauf anrichten. Die Chilischoten entkernen, in Streifen schneiden und darüberstreuen.

Gemüsetempura

Je 150 g
Maiskölbchen
Paprikaschoten
Zucchini
Blumenkohl
Brokkoli
Spargelspitzen
Staudensellerie
Rettich
Keniabohnen
Shiitakepilze
Austernpilze
(Auswahl richtet sich nach Marktangebot)

Für den Backteig:
1 Ei
200 ml Eiswasser
125 g Weizenmehl
1 TL Salz

100 g Weizenmehl
Sojaöl

Für die Sauce:
2 Knoblauchzehen
2 Pfefferschoten
2 Scheiben Ingwer
1 EL Erdnußöl
½ Schalotte, abgezogen und gehackt
2 EL gehackte Petersilie
400 ml Tomatensaft
½ TL Speisestärke
2 EL Zucker
3 EL Essig
3 EL Tomatenketchup
Salz

Alle Gemüse putzen, waschen und mundgerecht zerkleinern. Alle Zutaten für den Backteig zu einem glatten Teig verarbeiten. Gemüse in Mehl wenden, durch den Backteig ziehen und in 170 °C heißem Sojaöl knusprig ausbacken.
Für die Sauce Knoblauchzehen abziehen, Pfefferschoten putzen, entkernen und zusammen mit dem geschälten Ingwer hacken.
Öl erhitzen, Knoblauch, Pfefferschoten und Ingwer mit der Schalotte und der Petersilie unter Wenden bei mittlerer Hitze eine Minute braten. Tomatensaft mit Speisestärke und Zucker verrühren, zugießen und aufkochen. Mit Essig, Ketchup und Salz würzen und heiß zu dem Gemüse servieren.

Römische Gnocchi

375 ml (3/8 l) Milch
Salz, Muskatnuß
30 g Butter
130 g Hartweizengrieß
1 Ei, 2 Eigelb
50 g geriebener Käse
2 EL zerlassene Butter für das Blech und die Form
50 g geriebener Allgäuer Bergkäse

In einem Kochtopf Milch, Salz, Muskatnuß und Butter zum Kochen bringen. Dann den Grieß nach und nach in die kochende Masse geben und so lange kochen lassen, bis die Masse dick geworden ist und sich vom Topfboden löst. Den Topf von der Kochstelle nehmen, Ei, Eigelb und den geriebenen Käse unter die Grießmasse mengen.
Die Masse gleichmäßig auf ein gebuttertes Blech verteilen (etwa 1/2 cm dick) und anschließend mindestens 1 Stunde in den Kühlschrank stellen. Die durchgekühlte feste Masse mit einem runden Ausstecher so ausstechen, daß Halbmonde entstehen. Diese in eine ausgebutterte Form geben, mit geriebenem Allgäuer Bergkäse bestreuen und im vorgeheizten Backofen bei 220 °C (Heißluft etwa 200 °C) etwa 15 Minuten backen.
Zum Schluß noch einmal ganz kurz unter den Grill stellen und sofort heiß servieren.

Zuckerschoten und Tofu in Ratatouille-Vinaigrette

200 g Tofu
Salz
frisch gemahlener Pfeffer
1 EL Weizenmehl
1 Msp. Currypulver
200 g Zuckerschoten
70 g Lollo Bianco oder Lollo Rosso
30 g gelbe Paprikaschoten
30 g rote Paprikaschoten
30 g grüne Paprikasschoten
30 g Zucchini
30 g Auberginen
1 kleine Schalotte
1 kleine Knoblauchzehe
1 EL Olivenöl
1 1/2 EL Olivenöl
1 1/2 EL Reisessig
1 TL Balsamessig
1 EL Speiseöl
2 EL Geflügelbrühe
1 EL Speiseöl
2 Knoblauchzehen
3 EL Speiseöl

Tofu in Scheiben von etwa 4 mm schneiden, salzen, pfeffern. Mehl mit Curry mischen und die Tofuscheiben darin wenden. Zuckerschoten putzen und waschen.
Die Gemüse putzen, waschen und in kleine Würfel schneiden. Die Schalotte abziehen und fein schneiden, Knoblauchzehe abziehen und hacken. Olivenöl in einer Pfanne erhitzen und alles darin kräftig anbraten.
Das Gemüse nun mit Öl und Essig mischen und mit Salz und Pfeffer abschmecken. Öl erhitzen, geputzte Zuckerschoten darin anbraten und mit Geflügelbrühe ablöschen. Knackig dünsten und mit Salz und Pfeffer würzen.
Die Tofuscheiben bei mittlerer Hitze beidseitig etwa 3 Minuten pro Seite braten. Knoblauch abziehen, hacken und in 3 Eßlöffel Öl rösten. Die Tofuscheiben auf einem Teller anrichten, Zuckerschoten darauf legen und mit der Ratatouille-Vinaigrette beträufeln. Den gerösteten Knoblauch darüberstreuen.

Klassisches Immergrün – Kostbares aus Mutters Küche

Vorher: **Milzschnitten in Rinderkraftbrühe**, dann: **Forellen mit Mandeln**, zum Schluß: **Topfenknödel mit Zwetschkenröster**

nicht hausbacken, sondern klassisch

Klassisches Immergrün

Michaela und Martin haben mit Erfahrung und Tradition nicht viel am Hut. In ihren Berufen, Michaela ist Grafikdesignerin, Martin studiert Jura, und auch im sonstigen Alltag halten sie es eher mit dem Sprichwort, nach dem die Erfahrung ein Kamm ist, zu dem man greift, wenn man eine Glatze hat. Sie gehen oft mit Freunden zum Essen aus und haben sehr viel Spaß daran, neue Restaurants mit unterschiedlicher regionaler und internationaler Küche auszuprobieren.

Wenn sie allerdings zu Hause für sich kochen, dann erinnern sie sich gerne der jeweiligen Küche ihrer Kindheit und Jugend. Für beide hat das jedesmal einen Hauch von einer anderen Zeit, eine Art Entführung in die Geschichte des anderen. Sie genießen die Möglichkeit, sich aus der gegenwärtigen Hektik ausklinken zu können, ohne sich gleichzeitig in überkommene Idyllen, etwa bei weihnachtlichen Familienfesten oder ähnlichen ritualisierten Angelegenheiten, einklinken zu müssen.

Michaela und Martin

ab ovo...: Von A wie Abschöpfung...

Dieses Mal wollen Michaela und Martin mit einer klassischen, klaren Fleischsuppe beginnen. Als Einlage soll es Milzschnitten geben.

„Damit die Suppe tatsächlich klar wird, muß man darauf achten, daß möglichst wenig Trübstoffe des Fleisches in die Brühe gelangen. Dies kann man auf zwei verschiedene Arten erreichen", verrät Johann Lafer. „Entweder man bringt das Suppenwasser mit dem in heißem Wasser gewaschenen Fleisch und den Knochen zum Kochen und schäumt es dann ab. Oder man blanchiert zuerst das Fleisch und die

Rinderkraftbrühe

2 kg Rinderknochen
300 g Markknochen
½ geschwärzte Zwiebel
2 Nelken
5 Pfefferkörner
1 Bund Suppengrün, d.h. Möhre, Lauch, Sellerie
½ Knoblauchzehe
1 Lorbeerblatt

1. Wasser zum Kochen bringen, die Knochen zugeben, einmal aufkochen lassen.
2. Die Knochen auf ein Sieb geben, mit kaltem Wasser abspülen.
3. Danach die Knochen wieder in den sauberen Topf geben, mit kaltem Wasser völlig bedecken, langsam zum Kochen bringen. Den Schaum immer wieder abschöpfen, etwa 1 Stunde simmern lassen.
4. Nun das Suppengrün, Knoblauchzehe und Lorbeerblatt zugeben. Nach etwa 1 Stunde vorsichtig durch ein Sieb passieren und völlig erkalten lassen.

Knochen in heißem Wasser, schüttet danach das Wasser ab und füllt den Topf mit kaltem Wasser auf. So hat man sich ebenfalls der gröbsten Trübstoffe entledigt. Erst nachdem die Trübstoffe abgeschöpft sind, wird das Suppengemüse zugegeben. Eine dunklere Färbung und ein besseres Aroma der Suppe erreicht man übrigens dadurch, wenn man eine fettlos gebräunte Zwiebel mitkocht."
Die Milzschnitten, ein Leibgericht von Martin seit seiner Kindheit, bereiteten im Vorfeld einige Probleme, denn Milz gibt es nicht in jedem Supermarkt zu kaufen.
„Wenn Milz gerade nicht im Angebot ist oder für den Fall, daß Milz einem nicht schmecken sollte, kann man die Schnitten problemlos auch mit Leber zubereiten", bemerkt Johann Lafer. Und zum Ausschaben der Milz rät er folgendes: „Nachdem man zuerst mit einem scharfen Messer auf der einen Seite die Haut weggeschnitten hat, schabt man, ebenfalls mit einem scharfen Messer, die Milz aus der Haut."

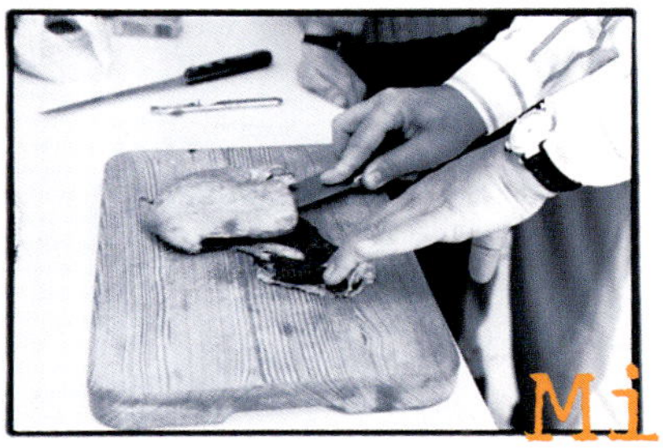

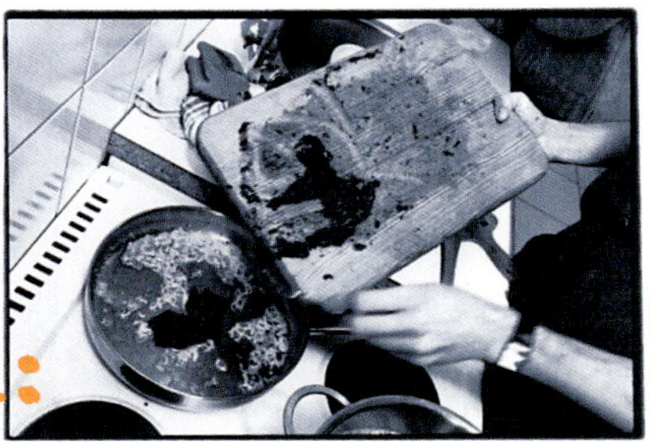

Milzschnitten: Der Aufwand lohnt sich

Milzschnitten

1. Milz am Ende einschneiden, das Innere herausnehmen.
2. Milzinneres mit Eigelb, Salz, Pfeffer, kleingeschnittenen Majoranblättchen und Muskatnuß verrühren.
3. Die Masse auf beide Seiten der Toastbrote streichen.
4. Toastbrotscheiben in heißer Butter ausbacken, in Dreiecke schneiden, als Einlage in die heiße Rinderkraftbrühe geben.

1 l Rinderkraftbrühe
250 g Rindermilz
2 Eigelb
Salz, weißer Pfeffer
1 Majoranzweig
geriebene Muskatnuß
4 Toastbrotscheiben
10 g Butter

...in medias res...: ...rin in die Kartoffeln...

Für Michaela gehören gebratene Forellen mit Mandeln seit ihrer Kindheit mit zum feinsten, was die Küche zu bieten hat. Und auch Martin kann sich erinnern, daß es für ihn immer ein Festtag war, wenn es zu Hause Forellen gab.

Uneinigkeit besteht bei Michaela und Martin lediglich über die wichtige Frage, ob zu den Forellen Petersilienkartoffeln oder Salzkartoffeln gereicht werden. In dieser Frage fällt der Meisterkoch ein salomonisches Urteil: „Die Hauptforellenzeit liegt ja zwischen Mai und August. Ab Ende April gibt es bereits neue Kartoffeln und die kleinen unter ihnen eignen sich besonders gut für Petersilienkartoffeln. Außerhalb der Saison, also vor allem im Herbst und im Winter, wenn es keine neuen Kartoffeln zu kaufen gibt, bieten sich dann Salzkartoffeln als Beilage an."

Auf einen wichtigen Punkt bei der Zubereitung von Fischgerichten weist Johann Lafer noch einmal ausdrücklich hin: „Die Forellen sollte man, nachdem sie innen und außen mit Salz eingerieben und mit Zitrone beträufelt wurden, nicht länger als eine halbe Stunde bis zum Braten stehenlassen. Wie alle anderen Fische auch, werden die Forellen sonst ausgelaugt und es werden ihnen dadurch zu viele wertvolle Mineralsalze entzogen."

Fisch nie lange rumstehen lassen

Forelle mit Mandeln und Petersilienkartoffeln

4 Forellen, ausgenommen
Salz, Pfeffer
Saft von 1 Zitrone
etwas Weizenmehl
130 g Butter
40 g gehobelte Mandeln
1/2 Bund gehackte Petersilie

Für die Kartoffeln:
700 g geschälte Kartoffeln
50 g Butter
2 EL gehackte Petersilie

1. Forellen gründlich waschen, abtropfen lassen, salzen, pfeffern, mit Zitronensaft beträufeln.
2. Forellen in Mehl wenden, und in 50 g Butter goldgelb braten, auf Tellern anrichten.
3. Die Mandeln in der restlichen Butter hellgelb rösten, Petersilie dazugeben, über die Forellen geben.
4. Kartoffeln in Salzwasser kochen, abgießen.
5. Butter zerlassen, Kartoffeln und Petersilie hinzugeben, mit Salz, Pfeffer würzen.

...usque ad mala: ...bis Z wie Zwetschkenröster

Wenn Martin seine Freundin Michaela ärgern will, dann bittet er sie immer darum, daß sie doch mal wieder ihre Quarkklöße mit Pflaumenkompott machen soll.
Andrea kontert dann immer damit, daß sie nicht wüßte, wovon er rede, denn sie kenne sich in der Küche der Piefkes nicht so gut aus. Andrea ist nämlich Österreicherin und der vollen Überzeugung, daß nur Banausen Topfen als Quark, Knödel als Klöße, 'Zwetschken' als Pflaumen und Röster als Kompott bezeichnen. Und heute endlich hat sie in Johann Lafer einen Fürsprecher gefunden. Der spricht nämlich auch nur von Topfenknödeln mit Zwetschkenröstern; von Quark ist da allenfalls als Zutat die Rede und Klöße sind eher etwas für den Hals als für Gaumen und Magen.
„Aber egal wie man es wendet", kommt Lafer noch einmal auf den Grundsatz aller Süßspeisen zu sprechen: „Das exakte Einhalten der Mengenangaben ist das A und das O für deren Gelingen. Bei Topfenknödeln ist besonders wichtig, daß der Quark in einem Tuch gut ausgepreßt wird. Das Formen der Knödel schließlich erfordert etwas Übung, es sei denn, man formt sie mit bemehlten Händen, was sich aber nur bei Quarkklößen empfiehlt. Bei Topfenknödeln hingegen ergibt das Zusammenspiel von zwei Löffeln die perfekte Form und Konsistenz."

Quark heißt Topfen, Kompott heißt Röster

Martin, der gerade im Begriff ist, Michaela demonstrativ das Mehl zu reichen, ist auf dem falschen Fuß erwischt und hat verstanden. Nach der genuschelten Feststellung, daß das Mehl wohl nicht mehr gebraucht werde, macht er sich während der 20minütigen Kochzeit der Topfenknödel in einer Art Übersprungshandlung daran, schon mal das schmutzige Geschirr abzuspülen.
Und das, findet Michaela, hat schließlich auch sein Gutes.

Topfenknödel mit Zwetschkenröster

30 g Butter, 30 g Zucker
1 Ei, 2 Eigelb
100 g Weißbrot ohne Rinde
Schale und Saft von
½ Zitrone und ½ Orange
1 EL Vanillezucker
500 g Quark, ausgedrückt
100 g schaumige Butter
200 g Semmelbrösel
Schale von
je 1 Orange und Zitrone
1 Prise Zimt, 100 g
Puderzucker

1. Butter, Zucker, Ei und Eigelb schaumig schlagen. Weißbrot in kleine Würfel schneiden und in eine Schüssel geben. Saft und Schale der Zitrone- und Orange beigeben. Vanillezucker, ausgedrückten Quark und Butter unterheben, gut glattrühren.
2. Mit Folie abgedeckt in den Kühlschrank stellen. Knödel formen und in leicht kochendem Salzwasser etwa 10 Minuten garziehen lassen. Brösel in Butter rösten. Abgeriebene Orangen- und Zitronenschale sowie Zimt beigeben.
3. Knödel aus dem Wasser nehmen, gut abtropfen lassen und in den Bröseln wälzen. Dick mit Puderzucker bestreuen.

der Aufwand lohnt sich

Brot schneiden für
die Topfenknödel

frische
Vanille
schmeckt
am besten

mmh, lecker!

Rinderkraftbrühe mit Grießnockerl, Flädle, Leberspätzle

Für etwa 3 l Rinderbrühe:
3 kg Rinderbeinfleisch (Rinderhesse)
3 l Wasser
Salz
2 Möhren
½ Stange Lauch
¼ Stange Staudensellerie
½ Sellerieknolle
1 Zweig Liebstöckel
etwas Petersilie, Lorbeerblätter
20 schwarze Pfefferkörner
1 Zwiebel

Das Rinderbeinfleisch in kochendem Salzwasser blanchieren, abgießen und mit kaltem Wasser abspülen, bis es völlig kalt ist. In einen hohen Topf geben, kaltes Wasser darübergießen, etwas Salz dazugeben. Das geputzte und grob geschnittene Gemüse dazugeben, ebenso den Liebstöckel, die Petersilie und die Gewürze.
Die Zwiebel mit der Schale halbieren und auf der Herdplatte bräunen lassen. Dazugeben. Alles zusammen etwa 2 Stunden schwach köcheln lassen.

Für das Klärfleisch:
1 kg Rindfleisch (Rinderhesse)
300 g Suppengrün (Möhren, Sellerie, Lauch, Zwiebel usw.)
20 schwarze Pfefferkörner
1 Lorbeerblatt, Petersilie
Liebstöckel
8 Eiweiß, flüssig
etwa 3 Hände voll Eiswürfel
Salz, Pfeffer
etwas Sherry

Das Fleisch sowie das Suppengrün durch die grobe Scheibe des Fleischwolfes drehen, Gemüse und Gewürze zugeben und mit dem Eiweiß mischen. Eiswürfel beigeben.
Die kalte Brühe in einen hohen Topf geben und mit dem Klärfleisch gut verrühren. Auf die Herdplatte stellen. Wenn die Brühe aufkocht immer wieder mit einem glatten Kochlöffel vorsichtig amTopfboden rühren, damit das Klärfleisch nicht ansetzt. Die Brühe einmal kräftig aufkochen und eine halbe Stunde ziehen lassen. Dann vorsichtig durch ein feines Tuch passieren. Mit Salz und Pfeffer abschmecken und mit etwas Sherry verfeinern.

Für die Flädle:
250 ml (¼ l) Milch
50 g flüssige Butter
3 Eier
100 g Weizenmehl
Salz
je 1 EL gehackte Petersilie, Kerbel
Schnittlauchröllchen
Butterschmalz zum Braten

Für die Flädle in einer Schüssel die Milch, die flüssige Butter und die Eier verrühren. Mit dem gesiebten Mehl glattrühren, mit Salz würzen. Kräuter dazugeben. In einer großen, beschichteten Pfanne wenig Butterschmalz erhitzen und etwas Teig in die Pfanne geben, so schwenken, daß er dünn auseinanderläuft. Sobald er etwas Farbe angenommen hat, wenden. Den fertigen, hauchdünnen Pfannkuchen auskühlen lassen, zusammenrollen und in feine Flädle (Streifen) schneiden.

Für die Grießnockerl:
100 g weiche Butter
2 Eier, 1 Eigelb
150 g Hartweizengrieß
Salz, Muskat

Für die Grießnockerl die Butter mit Eiern und Eigelb schaumig rühren und Grieß, Salz und Muskat untermischen und schaumig schlagen. Teig in Klarsichtfolie packen, für etwa 1½ Stunden im Kühlschrank ruhen lassen. Mit zwei Löffeln Nocken formen, in köchelndem Salzwasser langsam gar ziehen lassen.

eine Brühe für viele Einlagen

Für die Leberspätzle die Butter in einer Pfanne erhitzen, die kleingeschnittene Zwiebel und den Knoblauch glasig dünsten. Petersilie dazugeben. Abkühlen lassen. Leber durch die feine Scheibe des Fleischwolfs drehen. Eier und Eigelb dazugeben, mit Salz, Pfeffer, Muskat und Majoran würzen. Abgekühlte Zwiebel-Knoblauch-Petersilien-Masse dazugeben und glattrühren. Mehl unterrühren und nochmals abschmecken. Den Teig durch eine Spätzlepresse in kochendes Salzwasser drücken und einmal aufkochen lassen. Kalt abschrecken, am besten in Eiswasser.

Für die Leberspätzle:
1 EL Butter
50 g Zwiebel, ganz fein gehackt
2 Knoblauchzehen, gehackt
1 EL Petersilie, gehackt
300 g Schweineleber
3 Eier
1 Eigelb
Salz, Pfeffer, Muskat
1 TL gerebelter Majoran
250 g Weizenmehl

Hühnersuppe

1 Suppenhuhn mit Hühnerklein, grob zerteilt
½ Stange Lauch
1 Möhre
1 Tomate
¼ Knolle Sellerie
½ Bund Petersilie
½ Zwiebel mit Schale
2x 1 l Wasser
250 ml (¼ l) Weißwein
3 cl Sherry
Salz
Pfefferkörner
1 Lorbeerblatt
1 Estragonzweig
1 Thymianzweig
200 g Gemüse (Zuckerschoten, Möhren, Frühlingszwiebel)
etwas Petersilie

Wasser zum Kochen bringen und das grob zerteilte Suppenhuhn ohne das Hühnerklein hineingeben. Nach einer Minute wieder herausnehmen und das Wasser wegschütten. Die blanchierten Hühnerteile wieder in den Topf geben und 1 Liter kaltes Wasser mit den restlichen Zutaten dazugeben. Zum Kochen bringen. Dann eine Stunde bei mittlerer Hitze langsam ziehen lassen. Zwischendurch immer wieder abschäumen.
Nun die Hühnerbrühe durch ein Sieb passieren und in der heißen Brühe das Hühnerklein (Herz, Leber, Magen) gar ziehen lassen. Mit Salz und Pfeffer würzen.
Das Gemüse putzen bzw. zurechtschneiden, kurz im kochenden Salzwasser bißfest garen und dann als Einlage in die Suppe geben. Zum Schluß Petersilienblättchen dazugeben.

Spätzle

Für den Spätzleteig:
500 g Weizenmehl
4-5 Eier
etwas Mineralwasser
Salz
frisch gemahlener Pfeffer
geriebene Muskatnuß

1 Schalotte
etwas Butter zum Andünsten
2 Eier
2 EL gehackte Petersilie

Für 6 Personen
Für den Teig alle Zutaten in eine Schüssel geben, vermischen und den Teig solange schlagen, bis sich kleine Bläschen bilden.
Ein Spätzlebrett (Holzbrett) mit Wasser befeuchten, Teig dünn darauf streichen und mit Hilfe einer Palette, dünne Spätzle ins kochende Salzwasser schaben. Einmal aufkochen lassen und in kaltem Wasser abschrecken.
Abgezogene, feingewürfelte Schalotte in Butter andünsten. Spätzle dazugeben und mit den verquirlten Eiern verrühren. Mit Salz, Pfeffer und Muskat würzen und die Petersilie darüberstreuen.
Tip: Sie können auch einen Spätzlehobel verwenden.

Rheinischer Sauerbraten

2 kg Rindfleisch aus der Keule, ohne Knochen

Für die Marinade:
2 Möhren
3 Petersilienwurzeln
1 kleines Stück Knollensellerie
1 Zwiebel
1 Prise Salz
2 Lorbeerblätter
½ TL Pfefferkörner
½ TL Senfkörner
3 Nelken
1 Knoblauchzehe
1 Zweig Thymian
5 Pimentkörner
250 ml (¼ l) Kräuter- oder Weinessig
1 l Rindfleischbrühe
1 l Rotwein

Zum Schmoren:
2 EL Schweineschmalz
2 EL Zuckerrübensirup
2 EL Preiselbeeren

Für die Sauce:
2 EL Crème fraîche
etwas Speisestärke
100 g verlesene Rosinen
frisch gemahlener Pfeffer
Salz
4 EL gehobelte, gebräunte Mandeln

Gemüse putzen, in walnußgroße Stücke schneiden. Alle Zutaten für die Marinade in einen Topf geben und aufkochen. Abkühlen und das Fleisch für mindestens 24 Stunden darin einlegen. Bei einem dicken Fleischstück sollte man die Einlegezeit noch etwas verlängern, damit die Marinade gut durchzieht. Dann den Braten aus der Marinade nehmen, die Marinade passieren, die Flüssigkeit auffangen.
Das Schweineschmalz in einen passenden Bräter geben und erhitzen. Das abgetropfte Bratenstück von allen Seiten scharf anbraten. Das ebenfalls gut abgetropfte Gemüse (aus der Marinade) kurz mitbraten lassen. Nun Zuckerrübensirup und Preiselbeeren zugeben. Mit der passierten Marinade ablöschen. Im Backofen bei etwa 200 °C (Heißluft ca. 180 °C) etwa 2 Stunden bei geschlossenem Deckel schmoren. Das Fleisch herausnehmen und warm stellen. Die Sauce passieren und Crème fraîche einrühren. Eventuell mit etwas angerührter Speisestärke binden. Rosinen einweichen, gut ausdrücken und mit den Mandeln hinzugeben. Abschmecken und das Fleisch wieder in die Sauce legen. Zum Servieren das Fleisch in dünne Scheiben schneiden und mit der Sauce überziehen. Als Beilage empfehle ich Kartoffelknödel, Rotkraut, Apfelmus und Preiselbeeren.

20

Rehragout mit selbstgemachten frischen Nudeln

1100 g Rehfleisch, am besten Schulterfleisch ohne Sehnen und Häute
1 EL Weizenmehl
etwa 4 EL Pflanzenöl
1 große Zwiebel
2 Möhren
¼ Sellerieknolle
1 Lauchstange
200 g Champignons
¼ unbehandelte Zitrone, nur das Weiße
2 Nelken
5 Pfefferkörner
2 Lorbeerblätter
etwa 8 zerdrückte Wacholderbeeren
½ EL Tomatenmark
400 ml Rotwein
200 ml Johannisbeersaft
400 ml Rinderbrühe (besser noch Wildfond)
1 EL schwarzes Johannisbeergelee
Salz
frisch gemahlener Pfeffer
½ EL Speisestärke
3 EL Wasser

Für die Einlage:
200 g geschälte Perlzwiebeln
1 EL Zucker
2 EL Butter
250 ml (¼ l) Rotwein
Salz, Pfeffer

Für die Nudeln:
5 Eier
3 EL Speiseöl
Salz
geriebene Muskatnuß
350 g Weizenmehl
150 g Hartweizengrieß

Für 6 Personen

Das Rehfleisch in mundgerechte Würfel schneiden und mit Mehl bestäuben. Öl in einer hohen, beschichteten Pfanne erhitzen. Zwiebel, Möhren, Sellerie und Lauch putzen, in grobe Würfel schneiden, in die Pfanne geben und mitrösten. Champignons putzen, vierteln, ebenfalls mitrösten.

Zitronenhaut, Nelken, Pfefferkörner, Lorbeerblätter und zerdrückte Wacholderbeeren sowie das Tomatenmark beigeben, öfter umrühren. Nicht mehr zu stark rösten, da die Sauce sonst bitter wird. Mit Rotwein, Johannisbeersaft und Brühe oder Wildfond ablöschen. 45-55 Minuten schmoren lassen, bis das Fleisch weich ist. Die Fleischstücke mit einem Schaumlöffel aus dem Sud nehmen und in einem Topf warm halten. Den Fond mit Gemüse und Gewürzen durch ein feines Sieb drücken, wieder aufkochen lassen.

Schwarzes Johannisbeergelee beigeben, einkochen und mit Salz und Pfeffer abschmecken. Über das Rehfleisch gießen, aufkochen lassen und nochmals abschmecken.

Speisestärke in Wasser glattrühren und, wenn nötig, das Rehragout damit binden. Zucker in einer Pfanne hellbraun schmelzen. Butter und Perlzwiebeln beigeben und sofort mit Rotwein ablöschen. Sehr stark einkochen lassen, bis die Perlzwiebeln richtig weich sind und einen schönen Glanz erhalten.

Mit Salz und Pfeffer abschmecken und zu dem Rehragout geben.

Für die Nudeln Eier, Öl, Salz und Muskat kurz mit einem Schneebesen aufschlagen, damit die Nudeln schön locker werden. Mehl und Hartweizengrieß dazugeben und einen glatten Nudelteig kneten. Mit Klarsichtfolie abdecken und im Kühlschrank 1 Stunde ruhen lassen. Mit der Nudelmaschine Bandnudeln ausrollen. Diese dann in kochendem Salzwasser mit Öl bißfest garen. Herausnehmen und sofort mit kaltem Wasser abschrecken.

Als Beilage zum Rehragout empfehle ich außerdem Rotkohl (Rezept siehe Seite 68).

Tafelspitz mit Semmelkren und Bouillonkartoffeln

2 Zwiebeln
1 kleine Petersilienwurzel
1 Möhre
1 Stück Knollensellerie
2 Tomaten
1 Knoblauchzehe
1,5 kg Tafelspitz
1 Handvoll frischer Kerbel
etwas frischer Liebstöckel
etwas Majoran
2 Lorbeerblätter
1 EL weiße Pfefferkörner
Wasser
Salz

Für den Semmelkren:
500 ml (½ l) Tafelspitzbrühe
1½ alte Brötchen ohne Rinde
4 EL frisch geriebener Meerrettich
1-2 Bund Schnittlauch
je 1 Prise Salz und Zucker
1 Spritzer Weißweinessig

Für die Bouillonkartoffeln:
750 g Kartoffeln, gewürfelt
175 g Möhren, gewürfelt
150 g Sellerie, gewürfelt
Brühe vom Tafelspitz
1 Bund glatte Petersilie
etwas Liebstöckel
10 g kalte Butter

Für 6 Personen

Ungeschälte Zwiebel halbieren, auf den Schnittflächen rösten. Petersilienwurzel, Möhre und Knollensellerie putzen, waschen und grob schneiden. Tomaten vierteln, abgezogenen Knoblauch in Scheiben schneiden.Tafelspitz mit den vorbereiteten Zutaten, Kräutern, Lorbeerblättern und Pfefferkörnern in einen Topf geben, Wasser angießen. 1 Eßlöffel Salz zugeben. Tafelspitz bei milder Hitze 2½ - 3 Stunden schwach köcheln lassen, bis das Fleisch weich ist. Dabei zwischendurch immer wieder abschäumen. Vor dem Anschneiden das Fleisch abtropfen lassen.

Die Brühe für die Zubereitung von Bouillonkartoffeln und Semmelkren aufheben. Für den Semmelkren Tafelspitzbrühe auf ¼ l einkochen lassen. Brötchen kleinwürfeln. Soviel davon in die Brühe rühren, bis die Masse cremig ist. Meerrettich hinzufügen, Schnittlauch in kleine Röllchen schneiden und ebenfalls beigeben. Mit je einer Prise Salz und Zucker und einem kräftigen Spritzer Weißweinessig abschmecken. Alle Gemüsesorten schälen und würfeln, mit Brühe vom Tafelspitz bedecken, salzen, in 15-20 Minuten gar kochen. Petersilie und Liebstöckel hacken und mit kalter Butter unter die Kartoffeln geben.

Schweineschnitzel in Aromaten gebraten

4 Schweineschnitzel à 100 g, am besten Schweinefilet im Schmetterlingsschnitt, leicht geklopft
¼ TL gemahlener Kümmel
Salz
frisch gemahlener Pfeffer
etwas Schweinefett oder Speiseöl
1 Thymianzweig
10 zerdrückte Pfefferkörner
2 abgezogene, zerdrückte Knoblauchzehen
etwas Rinderbrühe
evtl. etwas kalte Butter

Die Schnitzel mit Kümmel, Salz und Pfeffer einreiben. Das Schweinefett oder Öl in einer Pfanne erhitzen. Thymianzweig, Pfefferkörner und Knoblauchzehen hinzufügen, kurz durchschwenken, dann die Schweineschnitzel ganz langsam etwa 15-20 Minuten darin braten. Die fertigen Schnitzel herausnehmen, warm stellen. Den Bratensatz mit der Brühe ablöschen, einkochen lassen, durch eine feines Sieb passieren, mit Salz, Pfeffer abschmecken.
Nach Belieben etwas kalte Butter einrühren. Die Sauce zu dem Schnitzel servieren.

Putenschnitzel in Sesam

4 Putenschnitzel à 120 g
Speiseöl
Salz und Pfeffer
50-70 g Weizenmehl
2 Eiweiß
1 Chilischote
100 g weiße Sesamsamen
250 g Butterschmalz

Die Putenschnitzel zwischen zwei mit Öl bepinselte Klarsichtfolien legen, dünn ausklopfen. Mit Salz und Pfeffer würzen, in Mehl wenden, überschüssiges Mehl abklopfen.
Das Eiweiß mit einem Schneebesen leicht anschlagen, dann die Schnitzel durch das Eiweiß ziehen. Die Chilischote vom Kerngehäuse befreien, die Schote in sehr feine Stücke schneiden, mit dem Sesam mischen. Die Schnitzel gut mit der Mischung panieren, die Sesampanade fest andrücken. Das Butterschmalz in einer Pfanne erhitzen, die Putenschnitzel darin goldgelb etwa 8-12 Minuten braten.

Wiener Schnitzel

4 Schnitzel à 120 g aus der Kalbsoberschale
Speiseöl
Salz
frisch gemahlener Pfeffer
2 Eier
2 EL geschlagene Sahne
50 g Weizenmehl
150 g Semmelbrösel
250 g Butterschmalz
4 Zitronenscheiben
4 Sardellenringen
Petersiliensträußchen

Die Schnitzel zwischen zwei mit Öl eingepinselte Klarsichtfolien legen, dünn ausklopfen und mit Salz und Pfeffer würzen.
Die Eier mit der Sahne verquirlen. Die Schnitzel kurz in Mehl wenden, überschüssiges Mehl abklopfen, dann in der Eiersahne wenden und anschließend mit den Semmelbröseln panieren. Die Panade fest andrücken. Das Butterschmalz in einer Pfanne erhitzen, die Schnitzel von beiden Seiten darin für etwa 3 Minuten goldgelb braten. Anschließend herausnehmen und auf einem Küchenpapier abtropfen lassen. Mit den Zitronenscheiben und den Sardellenringen anrichten und mit Petersiliensträußchen garnieren. Beilage: Salat und Bratkartoffeln.

Rinderroulade mit Rotkohl

Für den Rotkohl:
1000 g Rotkohl
1 Apfel (250 g)
Saft von ½ Limone oder Zitrone
8 EL Weinessig
1 Prise Salz
Zucker
150 g Zwiebel
50 g Gänseschmalz
2 EL Zucker
Essig
1 EL schwarzes Johannisbeergelee
1 Zimtstange
250 ml (¼ l) Rotwein

Für die Rouladen:
4 Scheiben Rinderroulade à 180 g
2 große Gemüsezwiebeln
1 EL Speiseöl
1 EL Senf
4 Scheiben Räucherspeck
4 Scheiben Gewürzgurken
4 Möhrenstifte
Salz
frisch gemahlener Pfeffer
3 EL Speiseöl
1 große gewürfelte Möhre
1 große gewürfelte Zwiebel
150 g gewürfelter Knollensellerie
2 EL Tomatenmark
300 ml Rotwein
750 ml (¾ l) Rinderbrühe
1 Lorbeerblatt
5 Pfefferkörner
1 Knoblauchzehe
1 Zweig Thymian
Salz
frisch gemahlener Pfeffer

Für den Rotkohl den geputzten Kohl in feine Streifen schneiden. Den geschälten, entkernten Apfel grob stifteln und mit dem Rotkohl, Zitronensaft, Essig, Salz und Zucker mischen. Zugedeckt im Kühlschrank 24 Stunden ziehen lassen.

Am nächsten Tag die abgezogene Zwiebel in feine Streifen schneiden. Gänseschmalz zerlassen, Zucker leicht darin karamelisieren lassen und mit Essig ablöschen. Zwiebelstreifen darin andünsten. Marinierten Rotkohl, Johannisbeergelee, Zimt und Rotwein dazugeben. Im geschlossenen Topf im Backofen bei etwa 175 °C (Heißluft etwa 150 °C) eine halbe Stunde garen. Vor dem Servieren Zimtstange entfernen.

Für die Rouladen die Fleischscheiben gut klopfen und mit Salz und Pfeffer würzen. Die Gemüsezwiebeln abziehen, vierteln, in dünne Scheiben schneiden und in Öl dünsten. Die Fleischscheiben mit Senf bestreichen und den Räucherspeck, die Gewürzgurken, die Möhrenstifte und die gedünsteten Zwiebeln darauf legen. Die Scheiben aufrollen und mit Holzspießen verschließen. In heißem Fett anbraten.

Die Rouladen aus dem Topf nehmen und das Gemüse darin andünsten. Tomatenmark kurz mit anrösten. Mit Rotwein ablöschen und die Rouladen wieder einlegen und mit Rinderbrühe aufgießen. Das Lorbeerblatt, Pfefferkörner, abgezogene Knoblauchzehe und Thymian dazugeben. Den Topf mit dem Deckel schließen und etwa 1 ½ Stunden schmoren lassen.

Die Rouladen herausnehmen, die Sauce durch ein Sieb passieren und ein wenig einkochen lassen. Eventuell mit Salz und Pfeffer abschmecken.

Die Rouladen aufschneiden und mit Rotkohl und Kartoffeln servieren.

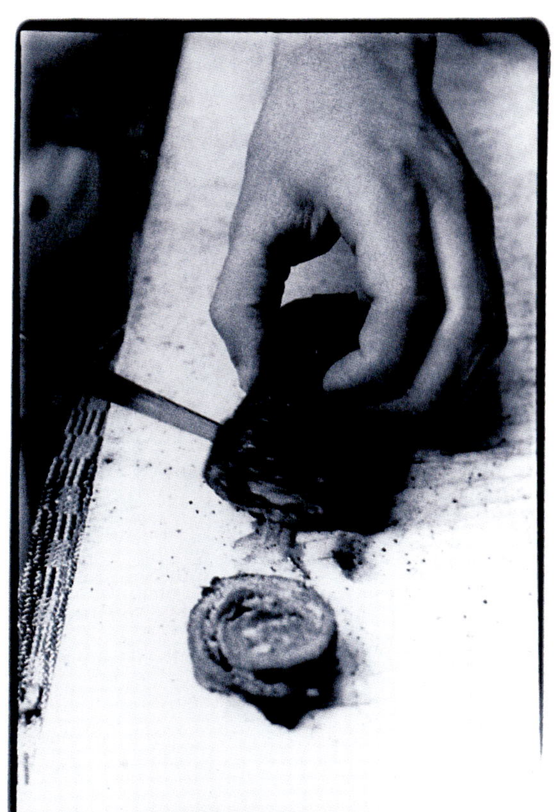

Buchteln mit Vanillesabayon

125 ml (1/8 l) Milch
50 g Weizenmehl
20 g Zucker
15 g Hefe
200 g Weizenmehl
1 Eigelb
1 Ei
20 g Zucker
Salz
abgeriebene Schale von
1/4 Zitrone (unbehandelt)
1 cl Rum
Mark von 1 Vanilleschote
50 g zimmerwarme Butter
Butter zum Auspinseln der Form
1 EL Zucker
125 ml (1/8 l) Schlagsahne
1 Eigelb
1 EL Milch

Für das Vanillesabayon:
120 ml Milch
Mark von 1 Vanilleschote
3 Eigelb
60 g Zucker
1 cl Rum

Die lauwarme Milch mit Mehl, Zucker und Hefe verrühren und an einem warmen Ort zugedeckt gehen lassen, bis sich der Teig sichtbar vergrößert hat. Mehl, Eigelb, Ei, Zucker, Salz, Zitronenschale, Rum, Vanillemark und den Vorteig in einer Küchenmaschine mit Knethaken zu einem glatten Teig verkneten. Die Butter zu dem Teig geben und nochmals glattkneten. Diesen Teig an einem warmen Ort zugedeckt gehen lassen, bis er sich sichtbar vergrößert hat. Eine feuerfeste Form mit Butter gut auspinseln, den Zucker und die Sahne hineingeben. Den Teig auf einer bemehlten Fläche durchkneten, zu einer Rolle formen und daraus kleine Kugeln abdrehen. Die Kugeln in die vorbereitete Form geben und nochmals abgedeckt gehen lassen. Eigelb und Milch vermischen und damit die Buchteln einpinseln.
Die Form in dem vorgeheizten Backofen bei etwa 180 °C (Heißluft etwa 160 °C) 30-35 Minuten backen.
Die Milch mit dem Vanillemark einmal aufkochen lassen. Zum Durchziehen zur Seite stellen, bis die Milch abgekühlt ist. Durch ein großes Sieb passieren. Eigelb, Zucker und Rum dazugeben und in einer Schüssel über dem Wasserbad mit Hilfe eines Schneebesens gut schaumig schlagen.

Die süße Seite des Lebens – Desserts und mehr

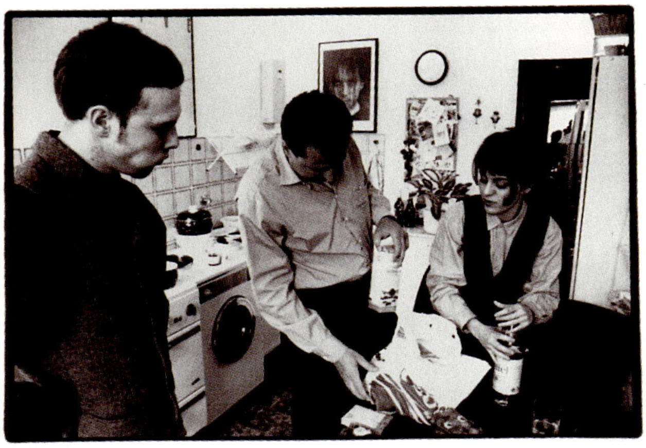

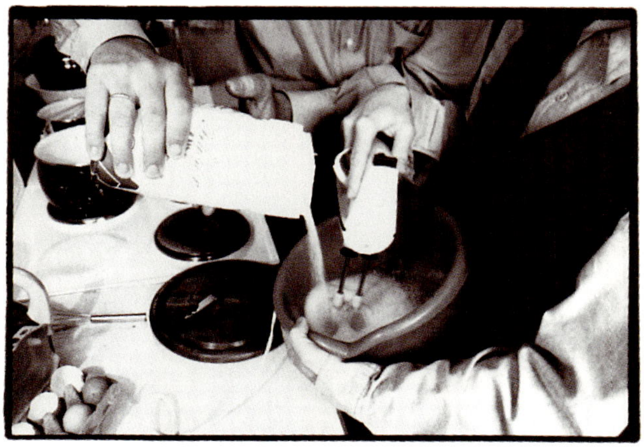

Süße Sachen: erst **Froschquark**, dann **Œufs à la neige**, zum Schluß: **Schneewittchens Busenkuchen**

sweets for my sweet

Die süße Seite des Lebens

Ihr vergangenes Mahl endete mit einer mittleren Katastrophe. Bereits bei der Vorspeise waren dunkle Gewitterwolken eines Beziehungskrachs aufgezogen, die sich dann während der Hauptspeise entluden, so daß an den Verzehr des Desserts nicht mehr zu denken war. Jaqueline und Carsten ist solch ein Mißgeschick nun schon zum zweiten Mal hintereinander passiert und sie gedenken einem dritten Mal dadurch vorzubeugen, daß sie ein Menü ausschließlich aus Süßspeisen zubereiten. Das freut Johann Lafer ganz besonders, denn hier ist er in seinem Element.

Und um die märchenhafte Stimmung später nicht zu unterbrechen, gibt der Meister-Patissier vorab ein paar wichtige Tips für die Zubereitung von Desserts. „Auch ohne Knatsch", bemerkt Lafer vorweg „kann ich mir übrigens Situationen vorstellen, in denen man auf die eigentliche Hauptspeise verzichtet und sich statt dessen entweder für eine größere Portion einer Süßspeise oder mehrere Desserts entscheidet. An heißen Sommertagen zum Beispiel, wenn man sowieso nicht so viel Appetit hat, sättigen Süßspeisen, ohne mit ihren leicht verdaulichen Kohlenhydraten den Organismus über Gebühr zu belasten."

Froschquark

250 g Quark
125 ml (1/8 l) Orangensaft
100 g Puderzucker
6 cl Waldmeistersirup
1 Blatt Gelatine, weiß
Saft von 1 Zitrone
125 ml (1/8 l) geschlagene Sahne
100 g Weingummi-Frösche

1. Quark mit Orangensaft, Puderzucker und Waldmeistersirup glattrühren.
2. Gelatine in kaltem Wasser einweichen, ausdrücken, in dem erhitzten Zitronensaft auflösen, unter die Quarkmasse rühren.
3. Zum Schluß die Sahne unterheben, in Dessertschalen füllen und kalt stellen.
4. Mit Weingummi-Fröschen belegen und servieren.

Jacqueline liebt süße Sachen

sweets for my sweet
sugar for my honey

Froschkönig
Carsten

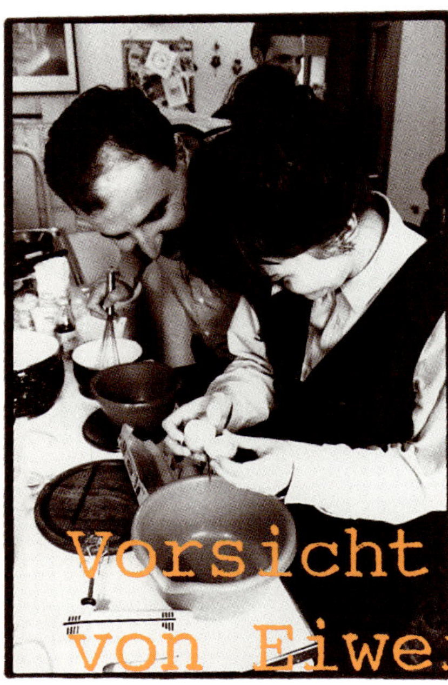

Vorsicht beim Trennen
von Eiweiß und Eigelb

Frösche aus der Tüte

Œufs à la neige
zu deutsch: Schnee - Eier

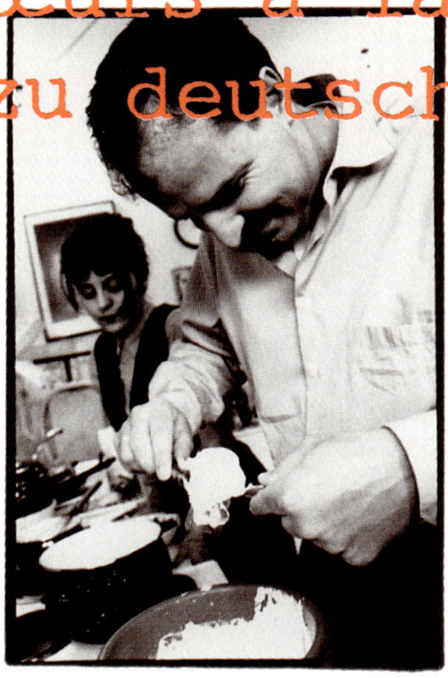

zur Dekoration:
Himbeersauce auf
die Vanillesauce
tropfen lassen
und mit einem
Löffelende ver-
zieren

sehr lecker zu
den Schnee - Eiern:
passierte Himbeeren

Grundsätzlich ist zum Gelingen von Süßspeisen folgendes zu sagen: „Ganz wichtig ist das Einhalten der Mengenangaben des Rezeptes. Gerade bei Süßspeisen sollte man nicht die Mühe scheuen, die Zutaten abzuwiegen. Weiterhin muß man immer bedenken, daß ein Dessert unter Umständen eine lange Vorbereitungszeit benötigt, also oft vor den anderen Gängen zubereitet werden muß: So benötigen etwa eine Creme oder eine Mousse Zeit, um zu erkalten.
Gewisse Zutaten bedürfen der besonderen Aufmerksamkeit. Beim Eigelb zum Beispiel muß man darauf achten, daß es unter Wärmezufuhr nicht stockt. Unter Zugabe von etwas Wasser kann man dem vorbeugen. Gelatine hingegen, die häufig als Bindemittel für Süßspeisen benötigt wird, sollte man nicht an zu kalte Speisen geben, da sie sonst sofort klumpt.
Oft besteht das Problem, daß sich die verschiedenen Fette der Zutaten nur schwer miteinander vermischen lassen. Unter Wärmezufuhr, am besten in einem Wasserbad, erreicht man meist eine optimale Verbindung.

das Auge

Ganz wichtig für das Gelingen von Süßspeisen, in denen Zutaten untergehoben werden müssen, also zum Beipiel bei einer Mousse, ist folgendes: Man sollte den Eischnee oder die Sahne zunächst nur zu einem Drittel unterheben und danach die restlichen zwei Drittel, auf keinen Fall die gesamte Menge auf einmal. Und schließlich, obwohl das wahrscheinlich schon alle wissen: Eiweiß läßt sich nur dann zu steifem Eischnee schlagen, wenn es vorher vom Eigelb getrennt wurde.
Last but not least halte ich es gerade bei einem Dessert für sehr wichtig, daß es liebevoll angerichtet wird, denn wie heißt es doch so richtig: Das Auge ißt immer mit."

Froschkönige

Es war einmal ein Jüngling namens Carsten und der hatte sich mit seiner liebsten Jaqueline gestritten. Daraufhin hatte sie ihn nicht mehr neben sich sitzen, nicht von ihren Tellern mit Goldrand essen und

Schneewittchens Busenkuchen

60 g Zucker
2 Eigelb
1 EL Zitronensaft
1 EL Orangensaft
4 Blatt Gelatine, in kaltem Wasser eingeweicht
2 cl Himbeergeist
200 g tiefgekühlte Himbeeren, angetaut
250 ml (1/4 l) Sahne

1. Zucker, Eigelb, Zitronen- und Orangensaft über dem Wasserbad schaumig schlagen.
2. Gelatine ausdrücken, unter die Eimasse rühren.
3. Die Masse kalt schlagen, dann Himbeergeist, Himbeeren - eine schöne Himbeere beiseite legen - und geschlagene Sahne vorsichtig unterheben.
4. Diese Creme in eine Schüssel mit gewölbtem Boden füllen, für etwa 2 Stunden kalt stellen.
5. Die Schüssel kurz in heißes Wasser tauchen, auf eine Platte stürzen, mit einer Himbeere verzieren.

auch nicht mehr in ihrem Bett schlafen lassen. Das fand Carsten zwar sehr ungerecht, aber da er nicht nach goldenen Kugeln getaucht und ihm deshalb auch nichts versprochen worden war, konnte er sich auch auf kein Grundsatzurteil aus früheren Zeiten berufen. Nachdem sein erster Ärger verflogen war, sah er allmählich ein, daß ihn am Entstehen des Streits eine Mitschuld trifft.
Um einzulenken und um sich wieder mit Jaqueline zu vertragen, hat er ihr eine große Schüssel Froschquark zusammengerührt und mit kleinen Gelatinefröschen garniert. Die verwandeln sich zwar nicht in schöne junge Prinzen, wenn man sie gegen die Wand wirft, aber dafür schmecken sie besser und stellen keine überhöhten Ansprüche. Und wenn die Tüte leer ist, dann kauft Carsten halt 'ne neue.

Schneewittchen
Nachdem sich Jaqueline mit Carsten wieder verträgt, kann sie ihren Spiegel nun wieder andere schöne Dinge fragen.
Auf die Frage, wer denn im ganzen Land die deliziösesten „Oeufs à la neige" mit einer Himbeer-Vanille-sauce machen könne, ist die Antwort, daß das schon sie, Jaqueline, sei, aber Johann Lafer aus Guldental könne das noch viel viel besser. Daraufhin wünscht sie sich nichts sehnlicher, als daß der Koch sie mit seinem fabelhaften Können unterstützen möge.
Solche Wünsche gehen in Märchen immer in Erfüllung und deshalb ist Jaqueline glücklich und zufrieden. Und da in Erfüllung gehende Wünsche in Märchen meist einen Haken haben, machen wir einfach früher Schluß.

ißt mit

besonders delikat: Schneewittchens Busenkuchen

P.S.: Carsten im Glück
Wie vorhin erwähnt, ist Carsten nicht in den Brunnen gesprungen, um nach goldenen Kugeln zu tauchen. Jetzt ist er aber doch irgendwie zu einem Goldklumpen gekommen. Bei einem Ringtausch, an dem Jaqueline beteiligt ist, erhält er dafür einen von ihr mit viel Mühe und Liebe zu einem Busen geformten Quarkkuchen.
Jetzt ist aber endgültig Schluß.

Œufs à la neige

4 Eiweiß
120 g Zucker
400 ml Milch
Mark von 1 Vanilleschote
abgeriebene Schale von 1 Zitrone
8 Eigelb

Für die Himbeersauce:
200 g Himbeeren
50 g Zucker
30 ml Wasser
Saft von 1 Zitrone

1. Eiweiß mit dem Zucker steif schlagen. Milch mit Vanille und Zitronenschale aufkochen. Mit zwei Löffeln Nocken aus dem Eiweiß stechen, in der Milch langsam pochieren darf nicht kochen . Nach 2 Minuten die Nocken wenden. Sobald die Nocken fest sind, zum Abtropfen auf ein sauberes Tuch geben.
2. Die Milch durch ein Sieb gießen. Eigelb in einer Schüssel verquirlen, dabei die Milch einlaufen lassen, über dem Wasserbad so lange aufschlagen, bis die Creme bindet nicht kochen lassen , dann abkühlen lassen.
3. Himbeeren mit Zucker, Wasser und Zitronensaft pürieren. Vanillesauce auf einen Teller geben, mit dem Himbeermark ein Muster ziehen, die Einocken darauf setzen.

Haselnußsoufflé mit Altbiersabayon

85 g Butter
40 g Zucker
3 Eigelb
abgeriebene Schale von ½ Orange (unbehandelt)
90 g Haselnußkerne, geröstet und gemahlen
3 Eiweiß
40 g Zucker
20 g Biskuitbrösel
etwas Butter und Zucker für die Förmchen

Für das Altbiersabayon:
3 Eigelb
60 g Zucker
abgeriebene Schale von ½ Orange (unbehandelt)
125 ml (⅛ l) Altbier
1 TL gemahlener Zimt
1 Prise Nelkenpulver

4 Förmchen, 8 cm Durchmesser

Butter und Zucker mit den Rührbesen des Handrührgerätes schaumig schlagen. Eigelb und Orangenschale zugeben und nochmals schaumig schlagen. Die Hälfte der Haselnüsse dazugeben. Eiweiß und Zucker steif schlagen und eine Hälfte mit der Buttermasse verrühren. Den Rest der Haselnüsse, die Biskuitbrösel und die zweite Hälfte des geschlagenen Eiweißes vorsichtig unterheben. Feuerfeste Souffléförmchen mit Butter auspinseln und mit Zucker ausstreuen. Die Masse darin verteilen und die Förmchen in eine flache Schale mit etwas Wasser stellen. Die Schale in den vorgeheizten Ofen schieben und bei 190 °C (Heißluft 170 °C) etwa 25 Minuten backen. Für das Altbiersabayon Eigelb, Zucker, Orangenschale, Altbier, Zimt und Nelkenpulver in einem Schlagkessel über heißem Wasserbad schaumig schlagen. Das Haselnußsoufflé aus den Förmchen stürzen und das Sabayon darübergießen.
Als Beigabe dazu empfehle ich Ihnen in Kirschsaft und in Kirschlikör eingelegte Kirschen.

so süß!

Früchtereistörtchen

150 g Rundkornreis
500 ml (½ l) Wasser
etwas Salz
400 ml Milch
Schale von ½ Zitrone und ½ Orange (unbehandelt)
40 g Zucker
¼ Zimtstange
5 Blatt Gelatine
Saft von 1 Orange
125 ml (⅛ l) Schlagsahne
250 g kandierte Früchte (z. B. Ananas, Kirschen, Orangen, Zitronen usw.)
2 Eiweiß
40 g Zucker
2 cl Grand Marnier

Für die Himbeersauce:
300 g frische oder tiefgekühlte Himbeeren
Puderzucker

etwas Zitronensaft
250 ml (¼ l) Schlagsahne
Pfefferminzblättchen

Für 6 Personen

Reis 1 Minute in kochendes Salzwasser geben, in kaltem Wasser abschrecken.

Milch mit Zitronen- und Orangenschale, Zucker und Zimtstange einmal aufkochen lassen, blanchierten Rundkornreis dazugeben. Deckel daraufsetzen und 20-30 Minuten in den auf 160 °C (Heißluft 140 °C) vorgeheizten Backofen schieben. Zwischendurch immer wieder umrühren. Die Milch sollte fast vollständig eingekocht sein. Dann die Gewürze herausnehmen und den Reis kalt stellen. Die Gelatineblätter in kaltem Wasser einweichen, kandierte Früchte in kleine Würfel schneiden, in ein Sieb geben und mit heißem Wasser abspülen.

Die Gelatineblätter gut ausdrücken und zu dem Orangensaft geben. Zusammen so lange erwärmen, bis sich die Gelatine aufgelöst hat. Mit den kleingeschnittenen kandierten Früchten zu dem Reis geben. Geschlagene Sahne vorsichtig unterheben. Eiweiß mit Zucker steif schlagen, ebenfalls unterheben. Mit Grand Marnier abschmecken (bei Kindern weglassen).

Den Reis nun in Förmchen von 8-10 cm Durchmesser füllen und 2-3 Stunden kalt stellen.

Himbeeren mit Puderzucker und Zitronensaft vermengen (Menge des Puderzuckers richtet sich nach der Säure der Himbeeren) und alles durch ein feines Sieb streichen.

Evtl. mit geschlagener Sahne und Minzblättchen garnieren.

Rote Grütze

300 ml Rotwein
100 g Zucker, 1 EL Honig
1 Zimtstange
abgeriebene Schale von 1 Orange und 1 Zitrone (jeweils unbehandelt)
1 EL Speisestärke
etwas kaltes Wasser
100 g Himbeeren
100 g Brombeeren
100 g Erdbeeren
100 g Blaubeeren
100 g Johannisbeeren
etwas geschlagene Schlagsahne oder Vanillesauce
Pfefferminzsträußchen

Den Rotwein mit Zucker, Honig, Zimtstange, Orangen- und Zitronenschale in einen Topf geben, aufkochen lassen und 5 Minuten leicht köcheln lassen. Die Speisestärke mit dem kalten Wasser anrühren, den eingekochten Rotwein damit leicht abbinden. Die Früchte waschen, die Stielansätze entfernen, die Früchte abtropfen lassen, in die Rotweincreme geben, kurz aufkochen lassen. Dann sofort abkühlen, damit die Früchte ganz bleiben und nach Belieben mit Schlagsahne, Vanillesauce und Pfefferminzsträußchen servieren.

Karamelisierter Apfelpfannkuchen

85 g Weizenmehl
20 g Zucker
abgeriebene Schale von
½ Zitrone (unbehandelt)
1 Msp. Backpulver
1 Prise Salz
30 ml Milch
2 Eier
50 g flüssige Butter
3 festkochende Äpfel,
z. B. Boskop (etwa 250 g)
etwa 50 g Butter für die Pfanne
50 g Zucker
etwas Calvados

Mehl, Zucker, abgeriebene Zitronenschale, Backpulver, Salz, Milch, Eier und flüssige Butter in eine Schüssel geben und gut glattrühren. Äpfel schälen, Kerngehäuse entfernen und die Äpfel in dünne Spalten schneiden. Etwas Butter in einer Pfanne zerlaufen lassen, Apfelspalten kreisförmig darauf verteilen und den Pfannkuchenteig ganz dünn darübergießen.
Die Pfanne samt Inhalt etwa 5 Minuten bei 200 °C (Heißluft 180 °C) in den Backofen schieben. Aus dem Ofen nehmen, Pfannkuchen vom Rand lösen, ein kleines Stück Butter dazugeben. Mit Zucker bestreuen und auf der Herdplatte den Apfelpfannkuchen unter leichtem Schütteln der Pfanne karamelisieren lassen. Mit etwas Calvados ablöschen und sofort umgekehrt auf einen Teller stürzen, so daß die karamelisierten Äpfel auf der Oberseite zu sehen sind.
Als Beigabe eignen sich Vanilleeis und Vanillesauce mit Himbeerpüree besonders gut.

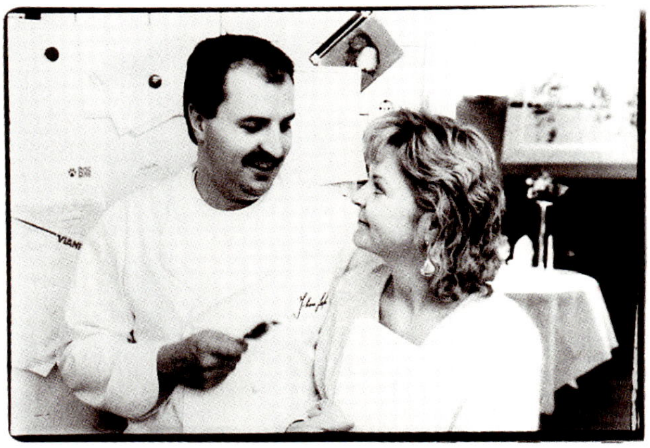

Pralineneisparfait

etwas Speiseöl
6 Eigelb
180 ml Wasser
90 g Zucker
50 ml Vollmich-Kuvertüre
150 g dunkler Nougat
abgeriebene Schale von
½ Orange (unbehandelt)
2 cl Schokoladenlikör
1 cl Rum
250 ml (¼ l) Schlagsahne
200 g bittere Kuvertüre
60 ml Speiseöl
50 g Mandelstifte

Für 6 Personen
Die Form für das Parfait vorher leicht mit Öl ausstreichen, mit Frischhaltefolie auslegen, um das Parfait später einfacher stürzen zu können. Die Form in den Froster stellen. Eigelb, Wasser und Zucker in einer Schüssel über dem Wasserbad zu einer dickflüssigen, schaumigen Masse aufschlagen. Kuvertüre und Nougat im Wasserbad schmelzen und unter die aufgeschlagene Eimasse geben und glattrühren. Die Orangenschale, den Schokoladenlikör und den Rum zugeben. Die Sahne steif schlagen und unter die Masse heben. Dann das Parfait in die vorbereitete Form füllen und 6-8 Stunden frieren lassen. Im Wasserbad die Kuvertüre auflösen, das Öl dazugeben. Das Parfait aus der Form nehmen und auf ein Gitter setzen. Mandelstifte ohne Fett in einer Pfanne rösten und in das fertige Parfait stecken, bevor es überzogen wird. Dann den gespickten Pralineneisrücken mit der aufgelösten Öl-Kuvertüre-Mischung dünn übergießen. Wenn die Kuvertüre fest ist, vom Gitter nehmen.
Als Beilage empfehle ich Ihnen Orangenfilets, Vanillesauce und frische Himbeeren.

Diesmal nicht aus der Tüte

Löffelbiskuits mit eingelegten Feigen und Portweinsabayon

Für die Löffelbiskuits:
7 Eigelb
60 g Puderzucker
1 TL Vanillezucker
3 Eiweiß
75 g feiner Zucker
etwas Salz
100 g Weizenmehl
50 g Speisestärke
Puderzucker zum Bestreuen

Für die eingelegten Feigen:
130 g Zucker
Schale von je ½ Zitrone und Orange (unbehandelt)
Saft von je 2 Zitronen und Orangen
250 ml (¼ l) Johannisbeersaft
2 EL schwarzes Johannisbeergelee
12 schöne Feigen
100 ml Johannisbeerlikör (Creme de Cassis)

Für das Portweinsabayon:
5 Eigelb
80 g Zucker
150 ml Portwein
Schale von je ¼ Orange und Zitrone (unbehandelt)
Pfefferminzblätter

Für 6 Personen

Eigelb, Puderzucker und Vanillezucker schaumig rühren. Eiweiß mit Zucker und Salz steif schlagen und unter die Eigelbmasse heben. Mehl und Speisestärke nach und nach darübersieben und vorsichtig unterheben. Die Biskuitmasse in einen Spritzbeutel mit Lochtülle füllen, auf ein mit Backpapier ausgelegtes Backblech Löffelbiskuits spritzen und mit Puderzucker bestreuen.

Bei 200 °C im vorgeheizten Backofen (Heißluft etwa 180 °C) etwa 10 Minuten backen. Sie müssen gut goldgelb ausgebacken sein, da sie sonst beim Lagern weich werden.

Für die eingelegten Feigen den Zucker in einem Topf hellbraun schmelzen lassen. Zitronen- und Orangenschale, Orangen-, Zitronen- und Johannisbeersaft und Johannisbeergelee dazugeben. Feigen schälen und in die heiße Flüssigkeit legen. Einmal aufkochen, dann auskühlen lassen, den Johannisbeerlikör beigeben und für mindestens einen Tag stehenlassen, Feigen zerteilen.

Für das Portweinsabayon alle Zutaten in eine Schüssel geben und über dem Wasserbad schaumig aufschlagen. Etwas Portweinsabayon auf die Teller geben, zerteilte Feigen in die Mitte legen, die Löffelbiskuits sternförmig darum herum anordnen, mit einem Pfefferminzzweig garnieren.

Topfenpalatschinken

250 ml (¼ l) Milch
125 g Weizenmehl
2 Eier, Salz
abgeriebene Schale von ½ Zitrone (unbehandelt)
100 g Butter

Für die Füllung:
60 g Butter
60 g Zucker
3 Eigelb
250 g Quark (10 % Fett)
1 EL Crème fraîche
abgeriebene Schale von ½ Orange und ½ Zitrone (jeweils unbehandelt)
1 EL Rum
50 g Rosinen
2 Eiweiß
40 g Zucker
etwas Butter

125 ml (⅛ l) Schlagsahne
2 Eier
1 EL Zucker
Puderzucker

Milch, Mehl, Eier, Salz und Zitronenschale zu einem glatten Teig verrühren. Butter klären, d.h. die Butter so lange auf dem Herd kochen lassen, bis sich die Molke vom Fett trennt. Dabei sollte man dabei bleiben und die Butter beobachten. Wenn sie zu lange kocht, könnte sie zu braun werden. Dann sofort durch ein feines Sieb, mit Küchenpapier oder mit einem Passiertuch ausgelegt, passieren. Somit erhalten Sie ganz klare Butter (geklärte Butter). Davon geben Sie nun immer ein klein wenig in die Pfanne und backen dünne Pfannkuchen. Diese dann zur Seite legen.

Für die Füllung Butter und Zucker schaumig schlagen. Eigelb dazu–geben, weiterschlagen. Quark, Crème fraîche, 1 Prise Salz, Orangen- und Zitronenschale und Rum beigeben, glattrühren. Rosinen dazugeben. Eiweiß durch langsames Einrieseln des Zuckers steif schlagen und dann unter die obige Masse geben.

Die Pfannkuchen werden nun mit der Füllung etwa 3-4 mm dick bestrichen und dann zusammengerollt, halbiert und in einer gut gebutterten Kasserolle schräg eingeschichtet. Etwa 15 Minuten bei 180 °C (Heißluft etwa 160 °C) im vorgeheizten Backofen backen.

Sahne, Eier und Zucker verquirlen und nach den 15 Minuten über die gefüllten Pfannkuchen verteilen. Wieder für etwa 25 Minuten in den Ofen schieben.

Herausnehmen, dick mit Puderzucker bestreuen und nochmals für 2-3 Minuten unter den Backofengrill stellen, bis sich eine goldbraune Kruste bildet.

Crêpes Suzettes mit Vanilleeisparfait

Für das Vanilleeisparfait:
60 ml Milch
130 g Zucker
4 Eigelb
1 Vanilleschote, ausgekratzt
1 Eiweiß
200 ml geschlagene Sahne
etwas Rum

Für den Crêpeteig:
125 g Weizenmehl
25 g Zucker
3 Eier
230 ml Milch
1 cl Rum
abgeriebene Schale von 1 Orange (unbehandelt)
etwas Salz
50 g flüssige, braune Butter
Butter zum Braten

Für die Orangensauce:
250 g Zucker
Saft von 4 Orangen
gelbe Schale von 3 Orangen, in dünne Streifen geschnitten
Filets von 3 Orangen
4 cl Grand Marnier
evtl. etwas zerlassene Kuvertüre

Für 6 Personen

Für das Vanilleeisparfait eine Form mit Klarsichtfolie auslegen und kalt stellen. Milch, Zucker, Eigelb und ausgekratzte Vanilleschote in einem Topf über dem Wasserbad aufschlagen.
Die Masse nun über kaltem Wasserbad so lange schlagen, bis die Temperatur der Masse, derjenigen des Wasserbades entspricht.
Eiweiß steif schlagen, unter die Eimasse heben. Sahne steif schlagen und mit dem Rum ebenfalls unterheben. In die Form füllen, mit der überstehenden Folie verschließen und in die Tiefkühltruhe stellen.
Für den Crêpeteig Mehl, Zucker, Eier, Milch, Rum und Orangenschale in einer Schüssel mischen. Etwas Salz dazugeben und gut durchmixen.
Die braune Butter einfließen lassen und verrühren. In einer beschichteten Pfanne dünne Crêpes mit etwas Butter backen. Für die Orangensauce Zucker langsam karamelisieren, nach und nach mit Orangensaft ablöschen. Flüssigkeit einkochen lassen und bei leicht dickflüssiger Konsistenz Orangenschalenstreifen und Filets beigeben.
Crêpes mit den Orangenfilets füllen und zu Vierteln zusammenklappen.
Sauce mit Grand Marnier anreichern, flambieren, Crêpes damit überziehen und auf einem Teller mit dem Vanilleeisparfait dekorativ anrichten. Eventuell mit etwas zerlassener Kuvertüre besprenkeln.

Bratapfel mit Rumsauce

4 Boskop Äpfel
100 g Marzipanrohmasse
30 g verlesene Rosinen
1-2 cl Calvados
etwas Zimtpulver
20 g Zucker, 40 g Butter
100 ml Apfelsaft

Für die Rumsauce:
250 ml (¼ l) Milch
250 ml (¼ l) Schlagsahne
100 g Zucker
6 Eigelb
2 cl Rum
2 EL geschlagene Sahne

Aus den Äpfeln das Kerngehäuse ausbohren, die Äpfel müssen ganz bleiben. Marzipan, Rosinen, Calvados und etwas Zimt verkneten und in die ausgebohrten Äpfel füllen.
Zucker, Butter, Zimt und den Apfelsaft in eine Pfanne geben und die gefüllten Äpfel hineinsetzen. In den auf etwa 200 °C (Heißluft etwa 180 °C) vorgeheizten Backofen schieben. Ab und zu den Saft aus der Pfanne über die Äpfel gießen. Nach 25 Minuten die Pfanne herausnehmen und das Ganze leicht abkühlen lassen.
Milch, Sahne und Zucker aufkochen. Das Eigelb mit wenig Milch verrühren und zu dem Milch-Sahne-Gemisch geben und nochmals auf den Herd stellen und so lange rühren, bis die Sauce leicht dickflüssig wird. Danach sofort passieren und mit dem Rum verfeinern.
Vor dem Servieren schaumig mixen und die geschlagene Sahne unterheben. Den Apfel auf die Mitte des Tellers setzen und die Rumsauce darübergießen.

Handarbeit

Sektschaumtorte mit Eierlikör

Für den Boden:
1 Ei
25 g Puderzucker
20 g Weizenmehl
15 g abgezogene, gemahlene Mandeln

Für die Sektcreme:
100 ml Sekt
50 g Zucker
2 Eigelb
abgeriebene Schale von ½ Zitrone und ½ Orange (jeweils unbehandelt)
1½ Blatt Gelatine, in kaltem Wasser eingeweicht
50 ml geschlagene Schlagsahne
1 Eiweiß, aufgeschlagen
20 g Zucker

Für das Eierlikörgelee:
150 ml Eierlikör
2 Blatt Gelatine, in kaltem Wasser eingeweicht

Das Ei mit dem Puderzucker kurz über dem heißen Wasserbad schaumig schlagen, dann wieder kalt schlagen. Mehl und gemahlene Mandeln vorsichtig unterheben. Die Masse in einen Tortenreifen füllen und bei 220 °C (Heißluft etwa 200 °C) für 6-8 Minuten in den Backofen stellen.
Für die Sektcreme Sekt, Zucker, Eigelb, Zitronen- und Orangenschale über dem Wasserbad wie einen Sabayon schaumig schlagen.
Die eingeweichten und ausgedrückten Gelatineblätter dazugeben. Die Masse nun so lange schaumig schlagen, bis sie erkaltet ist. Dann die geschlagene Sahne und das mit Zucker steif geschlagene Eiweiß unterheben. Die Masse auf den ausgekühlten Tortenboden in den Reif füllen und etwa 1 Stunde kalt stellen.
Für das Gelee Eierlikör leicht erwärmen und die in kaltem Wasser eingeweichte und ausgedrückte Gelatine darin auflösen. Gleichmäßig auf die erkaltete Sektcreme streichen. Die Torte dann nochmals für etwa 1 Stunde kalt stellen. Nach Belieben mit verschiedenen Fruchtsaucen garnieren.

Scheiterhaufen mit Vanillesauce

5 Brötchen vom Vortag
etwa 100 g Butter
1 EL Zimtzucker
(Zucker mit Zimt gemischt)
4 Boskop Äpfel, ohne Schale und Kerngehäuse
2 cl Calvados
60 g verlesene Rosinen

Für den Eierguß:
3 Eier
3 Eigelb
500 ml (1/2 l) Milch
Mark von 1 Vanillesschote
50 g Zucker
Schale von 1 Zitrone und Orange (unbehandelt)
etwas Puderzucker

Brötchen ohne Rinde in etwa 3 mm dicke Scheiben schneiden. Etwas von der Butter in eine Pfanne geben und dann die Brotscheiben der Reihe nach von beiden Seiten goldgelb braten.
Eine Auflaufform dick mit einem Teil der Butter ausreiben und dann ebenfalls dick mit Zimtzucker ausstreuen.
Boskop Äpfel in Spalten schneiden und diese in einer Pfanne mit Butter gut andünsten, mit Calvados ablöschen und so lange einkochen lassen, bis die Flüssigkeit vollkommen verdunstet ist. Nun in die ausgebutterte und ausgestreute Form schichtweise die Brotscheiben mit den Apfelspalten legen.
Die Rosinen darüberstreuen. Eier, Eigelb, Milch, Vanillemark, Zucker, Zitronen- und Orangenschale mit Hilfe eines Mixstabes schaumig mixen, auf den Scheiterhaufen gießen und die Form für etwa 30 Minuten in den auf etwa 200 °C (Heißluft etwa 180 °C) vorgeheizten Backofen schieben.
Kurz bevor die Zeit um ist, etwas Puderzucker darüberstreuen und dann kurz den Backofengrill einschalten und so lange dabeistehen, bis der Scheiterhaufen eine goldgelbe Kruste hat.

Zitronentorte mit Baiser

Für den Mürbeteig:
75 g Butter
20 g Puderzucker
20 g Zucker, 1 Ei
abgeriebene Schale von 1/2 Zitrone
1 Prise Salz
Mark von 1/2 Vanilleschote
175 g Weizenmehl

Für die Zitronencreme:
125 g Butter
100 g Zucker
2 EL Zitronensaft
2 Eier

Für den Baiser:
2 Eiweiß
60 g Zucker
frische Beeren

Für den Mürbeteig alle Zutaten außer dem Mehl miteinander vermengen. Dann nach und nach das Mehl einrieseln lassen. Den fertigen Teig kühl stellen. Nun den Teig dünn ausrollen, einen Durchmesser von 26 cm ausstechen und auf einem mit Backpapier ausgelegten Backblech bei 200 °C (Heißluft 180 °C) etwa 10-15 Minuten im vorgeheizten Backofen backen. Butter, Zucker, Zitronensaft aufkochen und die verquirlten Eier dazugeben, nochmals aufkochen lassen und sofort durch ein Sieb passieren. Etwas auskühlen lassen. Einen Tortenring um den Mürbeteig geben, die Zitronencreme auf dem Mürbeteig verteilen, glattstreichen und kühl stellen. Das Eiweiß mit dem Zucker zu Schnee schlagen und in einen Spritzbeutel mit Sterntülle füllen. Nun die gesamte Oberfläche der Torte mit der Eischnee-Masse bespritzen und kurz unter den Grill stellen. Mit frischen Beeren servieren.

Mandelkörbchen, gefüllt mit Himbeerschaum

Für die Mandelkörbchen:
50 g flüssige Butter
100 g feiner Zucker
2 EL frischer Orangensaft
Saft von 1/2 Zitrone
30 g Weizenmehl
50 g gehobelte Mandeln

Für den Himbeerschaum:
250 g frische Himbeeren
(oder tiefgekühlt, aufgetaut)
2 Blatt Gelatine
2 cl Himbeerlikör
Saft von 1/2 Zitrone
1 Eiweiß
30 g Puderzucker
50 ml geschlagene Sahne

Für die Garnitur:
Vanillesauce
etwas Himbeermark
frische, ganze Himbeeren
etwas frische Pfefferminze

Alle Zutaten für die Mandelkörbchen vorsichtig miteinander verrühren. Diese weiche Mandelmasse in Klarsichtfolie wickeln und für 1 Stunde in den Kühlschrank legen. Ein Blech mit Butter bestreichen und mit Mehl bestäuben. Aus der Masse kleine Kügelchen formen und auf das Blech setzen. Mit Hilfe eines Gabelrückens die Kugeln flach und dünn zerdrücken. Dann für 5-7 Minuten bei etwa 200 °C in den vorgeheizten Backofen (Heißluft etwa 180 °C) schieben. Wenn die Mandelscheiben goldbraun sind, diese aus dem Ofen nehmen, leicht abkühlen lassen und in noch warmem Zustand in etwas höhere Gefäße drücken, so daß kleine Körbchen entstehen. Nun völlig auskühlen lassen, bis die Körbchen fest sind.
Für den Himbeerschaum Himbeeren durch ein feines Sieb streichen. Gelatine in kaltem Wasser einweichen, ausdrücken und in erwärmtem Himbeerlikör auflösen. Den Himbeerlikör mit den passierten Himbeeren und dem Zitronensaft glattrühren. Eiweiß mit Puderzucker steif schlagen und mit der geschlagenen Sahne unter die Himbeermasse heben. Etwa eine halbe Stunde kalt stellen und in die Mandelkörbchen füllen.
Zur Verzierung eignen sich Vanillesauce, Himbeermark, frische Himbeeren und frische Minze.

Vanillesauce

250 ml (1/4 l) Milch
250 ml (1/4 l) Schlagsahne
100 g Zucker
Mark von 1 Vanilleschote
6 Eigelb

Milch, Sahne, Zucker und Vanillemark aufkochen lassen. Eigelb mit einem Teil der kochenden Milch-Sahne-Mischung verrühren, das Ganze zusammenrühren und nochmals aufsetzen, es darf aber nicht mehr kochen, sondern nur leicht dickflüssig werden. Dann sofort vom Feuer ziehen, durch ein feines Sieb passieren und kalt werden lassen. Vor dem Servieren mit einem Stabmixer schaumig mixen.

Schokorehrücken

140 g Butter
160 g Puderzucker
Schale von 1/2 Orange (unbehandelt)
Schale von 1/2 Zitrone (unbehandelt)
1 TL Rum
120 g aufgelöste Bitterschokolade
7 Eigelb, 7 Eiweiß
1 EL Vanillezucker
60 g Biskuitbrösel
120 g geröstete, gemahlene Mandeln
20 g Butter
2 EL Weizenmehl
100 g Aprikosenkonfitüre
50 g Zucker
50 ml Wasser
1 Vanilleschote
1 TL Rum
50 g abgezogene, gestiftelte Mandeln
150 g Schokoladenglasur, im Wasserbad aufgelöst
250 ml (1/4 l) Schlagsahne
1 Päckchen Vanille-Zucker

Butter in einer Küchenmaschine oder mit dem Rührbesen des Handrührgerätes schaumig schlagen, Puderzucker, Orangenschale, Zitronenschale, Rum und die aufgelöste Schokolade hinzugeben und glattrühren. Danach das Eigelb hinzufügen und ebenfalls glattrühren. Das Eiweiß mit dem Vanillezucker steif schlagen. Nun die Biskuitbrösel, die Mandeln und das steifgeschlagene Eiweiß vorsichtig unter die Schokoladenmasse heben.

Eine Rehrückenform mit Butter auspinseln, mit Mehl bestäuben und die Masse einfüllen. Dann die Form bei etwa 180 °C (Heißluft etwa 160 °C) etwa 30 Minuten in den vorgeheizten Backofen schieben. Herausnehmen, aus der Form stürzen und auskühlen lassen. In der Mitte quer durchschneiden und mit der Hälfte der Aprikosenkonfitüre bestreichen, den Rehrücken wieder zusammensetzen. Zucker mit Wasser und der ausgekratzten Vanilleschote aufkochen, auskühlen lassen und den Rum hinzugeben. Den Rehrücken damit bestreichen.

Die Mandelstifte in einer Pfanne ohne Fett hellbraun rösten, auskühlen lassen und den mit der restlichen Aprikosenkonfitüre bestrichenen Rehrücken damit wild spicken. Nun den Rehrücken mit der Schokoladenglasur überziehen. Die Sahne steif schlagen, mit Vanille-Zucker aromatisieren, den Rehrücken damit garnieren.

Glasur vollendet den Rehrücken

Aus besonderem Anlaß – das exquisite und raffinierte Festmahl

Vorher: **Blattsalat mit Pute**, dann: **Rotbarschfilet in Kartoffel-Karotten-Kruste**, zum Schluß: **Eiskrapfen auf Erdbeerpüree**

kochen für einen besonderen Anlaß

Aus besonderem Anlaß

Bärbel und Steffen sind seit drei Jahren ein Paar. Sie wollen ihre beiden Familien, die sich bis jetzt noch nicht kennengelernt haben, zu einem Essen einladen. Damit diese heikle Angelegenheit zumindest kulinarisch nicht aus dem Ruder läuft, wollen Bärbel und Steffen einen Probelauf mit zwei äußerst schwer zu überzeugenden Gästen machen. Bärbels Bruder Martin und dessen Freundin Sabine sind leidenschaftliche Cabriofahrer und ihr ganzer Stolz ist ein BMW-Cabrio. In jeder freien Minute fahren und fachsimpeln sie zusammen mit ihren Freunden vom „Cabrio-Club 1989". Wie bei anderen Anhängern einer modernen Antiquität, den C-Netz-Charlys, Manta-Mannis oder Käfer-Kais beispielsweise, ist es fast unmöglich, solche Freaks von den Lustbarkeiten an anderen Dingen zu überzeugen und damit vom Besuch der fast täglich stattfindenden Clubaktivitäten abzuhalten.

Schließlich ist aber doch ein Termin gefunden, an dem das Essen stattfinden kann, wobei Martin und Sabine auf einen „Ausritt" mit den Club-Freunden verzichten. Damit sind Bärbel und Steffen zusätzlich gefordert und müssen sich mächtig ins Zeug legen.

Ouvertüre. Neue Musik

Bereits mit der Vorspeise, ein gemischter Salat mit gebratener Entenbrust und Hühnerfleisch, wollen die beiden Gastgeber ein kulinarisches Highlight präsentieren. Aus diesem Grund sind Bärbel und Steffen für die Ratschläge Johann Lafers besonders dankbar.

„Bereits das Anbraten ist eine Kunst für sich. Der Profikoch hat durch seine Routine meist im Gefühl, wann das Fett die richtige Temperatur hat. Bestätigt wird er dann in diesem Gefühl durch das Geräusch des Anbratens, das wie Musik in seinen Ohren klingt. Dem Hobbykoch, zumindest dem unerfahrenen, empfehle ich aber eine andere Methode: am Bräunungsgrad eines Stückes Toastbrot, von dem die Rinde entfernt wurde, läßt sich die Temperatur des Fettes leicht ablesen. Wird das Toastbraot sofort dunkelbraun und sprudelt das Fett sehr stark, ist das Fett auf jeden Fall zu heiß.

Bei der Zubereitung einer Entenbrust sind nun einige Dinge zu beachten. Bevor man sie auf der Hautseite in der Pfanne anbrät, sollte man alle anderen Hautteile wegen ihres hohen Fett- und Cholesteringehalts wegschneiden.

Anbraten ist ein Geräusch

Damit sich die Entenbrust beim Anbraten nicht aufrollt, schneidet man die Haut längs und quer etwas ein.Wenn die Entenbrust gar ist, nimmt man sie aus der Pfanne, dreht sie jetzt zu ersten Mal auf die Fleischseite um und läßt sie ungefähr zehn Minuten lang liegen; so erhält man die Saftigkeit und erreicht eine gleichmäßige zartrosa Färbung des Fleisches.

Blattsalat mit Pute, Hähnchen, Ente

1. Weißwein- und Balsamessig, Oliven- und Traubenkernöl, Zucker, Salz und Pfeffer mit Schalotte, Petersilie und Schnittlauch verrühren.
2. Hähnchen- und Entenbrust mit Pfeffer und Salz würzen, in heißem Öl auf der Hautseite anbraten, mit der Haut nach oben in den auf 180 °C vorgeheizten Backofen schieben und 5-7 Minuten weiterbraten, herausnehmen und mit der Fleischseite nach unten ruhen lassen.
3. Die in Streifen geschnittene Putenbrust in Öl anbraten, auf Küchenpapier abtropfen lassen.
4. Geputzte Salatblätter und aufgescnittenes Geflügel anrichten, mit Dressing beträufeln und mit Kerbel und Pfeffer bestreut servieren.

2 cl Weißweinessig
3 cl Balsamessig
8 cl Olivenöl
6 cl Traubenkernöl
1 EL Zucker, Salz, Pfeffer
1 gewürfelte Schalotte
1 EL gehackte Petersilie
1 EL Schnittlauchröllchen
2 Hähnchenbrüste à 180 g
1 Entenbrust à 180 g
300 g Putenbrust
Speiseöl, 1/2 Bund Kerbel
500 g frische Blattsalate

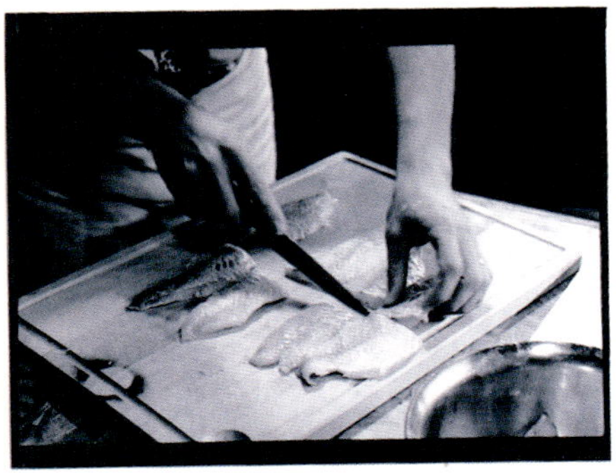

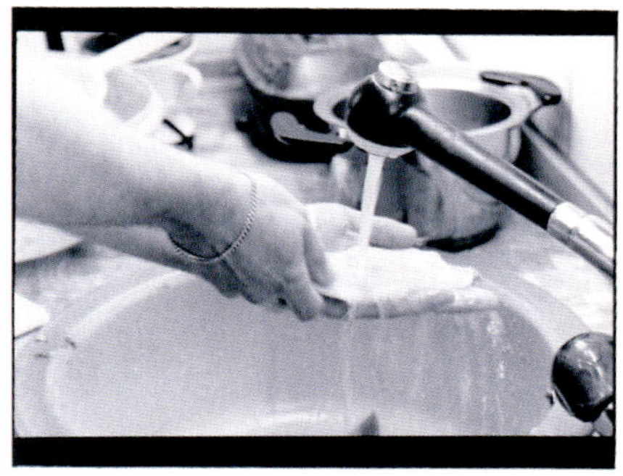

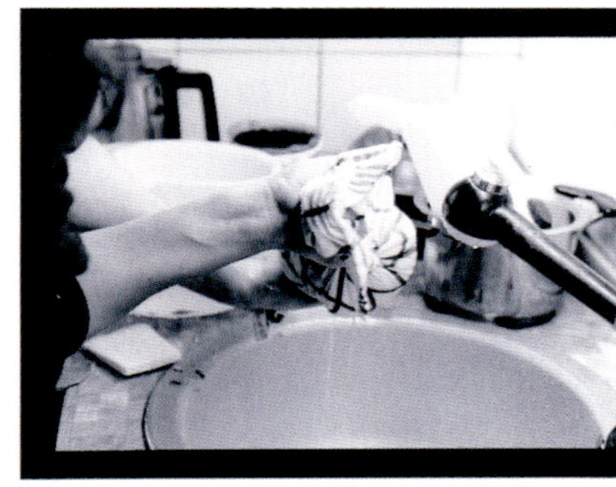

Auch das helle Geflügelfleisch wird, damit es saftig bleibt, am Stück gebraten, im Vergleich zur Entenbrust allerdings bei etwas geringerer Hitze, da es viel Eiweiß enthält und so schneller hart wird. Zum Aromatisieren wird das Fleisch am Ende mit Butter glasiert. Man sollte die Butter aber wirklich erst zum Schluß in die Pfanne geben, da sie bei der Hitze schnell verbrennt."

die Butter erst zum Schluß in die Pfanne

Steffen hat den Salat bereits mariniert und garniert diesen nun mit den Entenbruststreifen und den Hühnerfleischstücken. Zum Schluß gibt er noch den „Bratensatz" aus der Pfanne darüber, den er mit Rinderfond, Cognac und Butter verfeinert hat.

Rotbarsch-Variation. Salsa ma non troppo

Über dem Salat haben Sabine und Martin ihr versäumtes Club-Abenteuer bereits vergessen. Damit diese angenehme Gedächtnislücke auch weiterhin anhält, haben sich Bärbel und Steffen bei der Hauptspeise eine weitere Köstlichkeit ausgedacht: Rotbarschfilet mit Gemüsefüllung in einer Kartoffel-Karotten-Kruste. Den Rotbarsch, der auch Goldbarsch genannt wird, zeichnet vor allem seine feste Fleischbeschaffenheit und seine gute Haltbarkeit aus. Hauptfangzeit sind die Monate April, Juni und Juli sowie die

Rotbarsch in Kartoffel-Möhren-Kruste

300 g Kartoffeln
200 g Möhren
2 feingehackte Schalotten
30 g Butter, 3 Eigelb
Salz, Pfeffer
600 g Rotbarschfilet
Für die Sauce:
125 ml (1/8 l) Fischfond
200 ml Crème double
mit Wasser angerührte Speisestärke, Cayennepfeffer
3 EL geschlagene Sahne
2 Dillstengel

1. Kartoffeln und Möhren schälen und getrennt fein raspeln, in einem Tuch auspressen und mit in Butter gedünsteten Schalotten und Eigelb verrühren, mit Salz und Pfeffer würzen.
2. Fischfilets in gleiche Stücke schneiden, würzen. Fischfilets mit der Kartoffel-Möhren-Masse umhüllen, auf einem mit Backpapier belegten Backblech in den auf 200 °C (Heißluft 180 °C) vorgeheizten Ofen schieben, 18-20 Minuten garen lassen. Den Fischfond mit Crème double aufkochen, etwas einkochen lassen, mit der Stärke binden, mit Salz und Cayenefeffer würzen, zum Schluß Sahne unterrühren.
4. Den Fisch auf einen Teller setzen, mit Sauce und Dill garnieren.

die Kartoffeln am besten in kaltes Wasser reiben

Fisch in Karotten-Kartoffel-Kruste

Eiskrapfen auf Erdbeerpüree

1. Zucker, Vanillezucker, Schmand, Mehl und Ei in einer Schüssel verrühren und zu einem glatten Teig verkneten, 1 Stunde kühl stellen.
2. Aus dem Eis große Kugeln formen und mindestens 4 Stunden vor Zubereitung der Eiskrapfen einfrieren, damit sie gut durchgefroren sind.
3. Teig dünn ausrollen, große Kreise ausstechen und die Eiskugeln darin einpacken, die Enden des Teiges fest zusammendrücken.
4. Eiskrapfen in heißem Pflanzenöl goldgelb backen.
5. Erdbeeren und Puderzucker durch ein feines Sieb drücken, zu den Eiskrapfen servieren, mit Zitronenmelisse garnieren.

50 g Zucker
1 TL Vanillezucker
100 g Schmand
250 g Weizenmehl
1 Ei
400 g Fruchteis, z.B. Aprikose, Pfirsich
1 l Pflanzenöl
300 g Erdbeeren
50 g Puderzucker
etwas Zitronenmelisse

Herbstmonate. Steffen bereitet die Filetstücke nach den drei Grundsätzen für die Zubereitung aller Fischgerichte (außer Salzheringen) zu: Säubern, Säuern und Salzen. Hierzu erläutert Johann Lafer: „Beim Säubern des Fisches muß man immer darauf achten, daß er unter fließendem Wasser gewaschen wird und niemals ins Wasser gelegt wird. Durch das Säuern mit Zitronensaft oder auch Essig bleibt das Fischfleisch weiß und sein Geruch wird gebunden. Salzen sollte man den Fisch erst kurz vor der Zubereitung, damit dem Gewebe nicht zu viel Saft entzogen wird.
Ohnehin empfiehlt es sich, den Fisch nicht zu sehr zu würzen. Die Gesamtwürze sollte eher von der Beilage, in diesem Fall von der Gemüsefüllung und der Kartoffel-Karotten-Mischung, stammen."
Steffen und Bärbel haben mittlerweile diese Gemüsefüllung vorbereitet sowie die Karotten und die Kartoffeln gerieben.
„Die Kartoffeln reibe ich in eine Schüssel mit Wasser, damit sie nicht braun werden", merkt Steffen an. „Anschließend werden sie in einem Handtuch ausgewrungen und mit den Möhren gemischt." Bärbel und Steffen geben die von dieser Kartoffel-Karotten-Mischung umschlossenen und mit Gemüse gefüllten Filetstücke direkt auf ein Backblech und schieben das Ganze in den vorgeheizten Ofen.
„Diese Vorgehensweise hat den Vorteil, daß Filet, Füllung und Kruste ohne Hitzeunterbrechung garen können", merkt Johann Lafer an. „Man kann aber, alternativ dazu, auch die gefüllten Filets mit der Kartoffel-Karotten-Mischung in der Pfanne anbraten, damit die Kartoffeln schön knusprig werden. Um eine Hitzeunterbrechung zu vermeiden, schiebt man danach einfach das Ganze mitsamt Pfanne in den vorgeheizten Backofen."

Finale. Dolce

Martin und Sabine sind inzwischen komplett einer kulinarischen Amnesie verfallen und es steht zu vermuten, daß sie nach dem nun folgenden Finale nicht mehr genau wissen, daß sie vor der Tür ein Cabrio geparkt haben, geschweige denn, was Sinn und Zweck eines Cabrio-Clubs sind. Bärbel und Steffen sind an diesem Abend mit ihrem Steckenpferd aus dem Dessertbereich, den Eiskrapfen auf pürierten Erdbeeren, garniert mit Zitronenmelisse und Puderzucker, sehr zufrieden. Und damit das alles nicht zu sehr nach Selbstbeweihräucherung aussieht, gehören dem Meister der Patisserie Johann Lafer die letzten Worte: „Schlicht und einfach köstlich!"

Schlicht und einfach köstlich

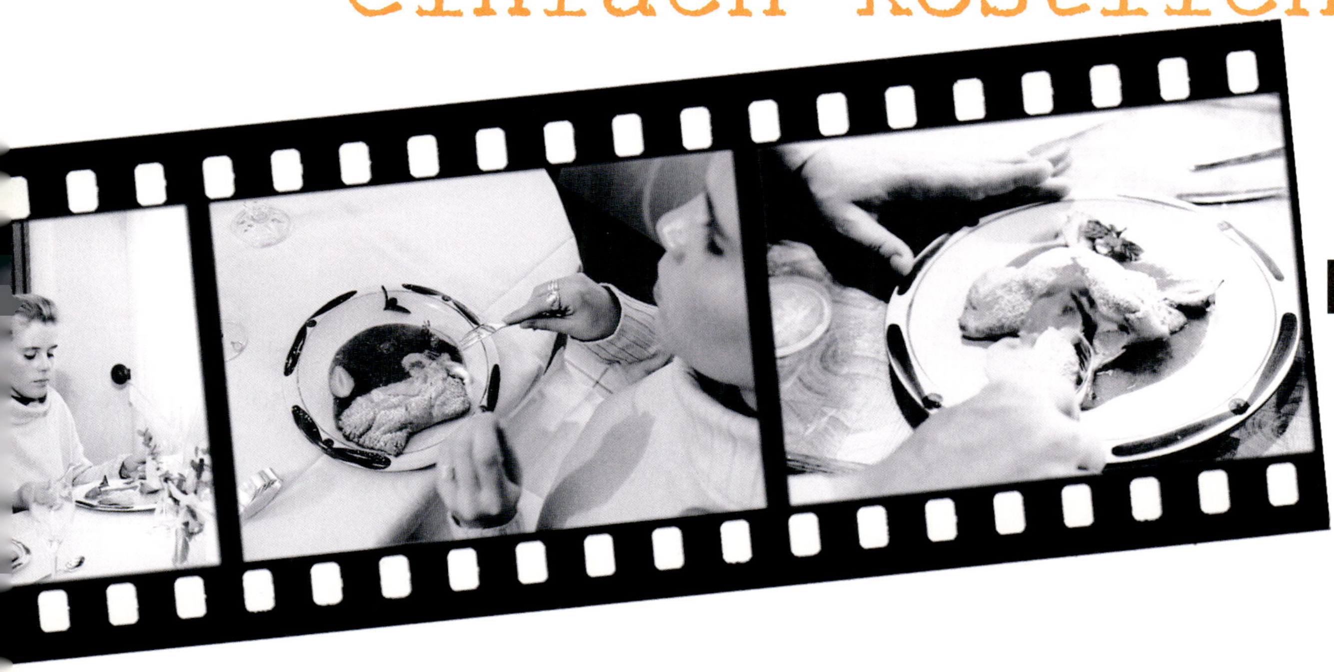

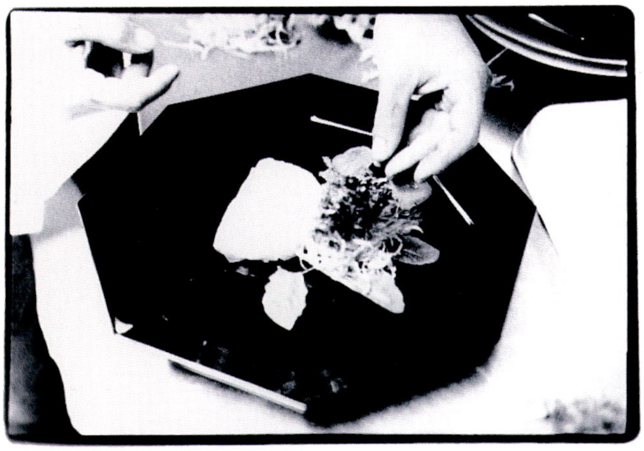

Parfait von Räucherfischen

5 Räucherforellenfilets
2 Schalotten
20 g Butter
6 EL Weißwein
400 ml Schlagsahne
6 EL Vermouth
einige Spritzer Zitronensaft
3 Blatt Gelatine
(in kaltem Wasser eingeweicht)
2 EL Sherry
Salz, Pfeffer
150 ml geschlagene Schlagsahne
200 g Räucherlachs
(in dünne Scheiben geschnitten)

Für 6 Personen

Forellenfilets mit Haut in grobe Würfel schneiden. Schalotten abziehen, fein würfeln und in heißer Butter kurz andünsten lassen. Dann die Forellenfilets mitdünsten. Mit Weißwein, Sahne, Vermouth und Zitronensaft auffüllen und das Ganze einkochen lassen. Nun mit dem Mixstab alles fein mixen und durch ein sehr feines Sieb streichen. Eingeweichte Gelatine ausdrücken und mit dem Sherry erwärmen, bis sie sich vollständig aufgelöst hat. Zu dem Forellenmus geben, mit Salz und Pfeffer abschmecken und auf Eis oder in den Kühlschrank stellen. Kurz bevor die Masse zu stocken beginnt, nochmals kräftig schaumig mixen. Geschlagene Sahne unterheben.

Eine Terrinenform mit den dünnen Räucherlachsscheiben auslegen, so daß er an den Seiten überlappt. Das Forellenparfait einfüllen und mit dem überstehenden Räucherlachs bedecken. Für etwa 3-5 Stunden kalt stellen. Dazu paßt gemischter Blattsalat.

Linsenschaumsuppe mit geräucherter Gänsebrust

200 g Linsen, grüne und rote
40 g Butter
80 g Schalotten
3 EL geräucherter, in feine Würfel geschnittener Schweinebauch
50 ml Weißweinessig
125 ml (1/8 l) Weißwein
750 ml (3/4 l) Geflügelbrühe
100 ml Schlagsahne
50 g Crème fraîche
Salz, frisch gemahlener Pfeffer
1 Prise Zucker
4 EL geschlagene Sahne

Als Einlage:
4 Scheiben geräucherte Gänsebrust
Kerbelblätter

Die Linsen im Wasser einweichen lassen. Butter in einem Topf zerlassen. Schalotten abziehen, fein würfeln, mit den gewaschenen, eingeweichten Linsen und den Schweinebauchwürfeln darin andünsten. Mit Weißweinessig ablöschen und mit Weißwein, Geflügelbrühe und der Sahne auffüllen. Wenn die Linsen weich sind, 2 Eßlöffel als Einlage zurückbehalten, den Rest fein mixen und durch ein feines Sieb passieren. Wieder zurück in den Topf geben und mit Crème fraîche verfeinern. Mit Salz, Pfeffer und Zucker abschmecken.

Zum Erhitzen nochmals auf den Herd stellen, aber nicht mehr kochen lassen. Mit dem Mixstab schaumig aufschlagen und die geschlagene Sahne unterheben. Nun mit der in feine Streifen geschnittenen Gänsebrust und den Linsen anrichten. Mit frischen Kerbelblättern dekorieren.

Hochrippe mit Kartoffel-Sellerie-Püree

2 kg Hochrippe
Salz, frisch gemahlener Pfeffer
Butterschmalz

Für die aufgeschlagene Buttersauce:
3 Eigelb
3 EL Weißwein
1 TL Senf
250 g zimmerwarme Butter
1 TL Petersilie oder Estragon, gehackt

Für das Kartoffel-Sellerie-Püree:
150 g Knollensellerie
150 g Kartoffeln
Wasser
300 ml Schlagsahne
Muskatnuß
3 EL geschlagene Schlagsahne
etwas gehackte Petersilie

Hochrippe mit Salz und Pfeffer würzen und im heißen Butterschmalz von allen Seiten gut anbraten. Dann bei 80 °C Backofentemeratur (vorgeheizt) 5 Stunden in den Ofen stellen. Anschließend herausnehmen, den Knochen entfernen und in 4 gleich große Scheiben schneiden. Mit Salz und Pfeffer nachwürzen.
Eigelb mit Weißwein, Senf, Salz und Pfeffer über dem Wasserbad schön schaumig, dickflüssig schlagen. Vom Wasserbad nehmen, kurz weiterschlagen.
Zimmerwarme Butter vorsichtig einrühren. Zum Schluß Petersilie oder Estragon unterrühren.
Zur Hochrippe servieren.
Knollensellerie und Kartoffeln schälen, beides in kleine Würfel schneiden und in einem Topf mit ganz wenig Wasser, Salz und Sahne weich kochen, so daß ein dicker Brei entsteht. Mit einem Schneidestab zu einem Püree mixen. Nochmals aufkochen, geriebene Muskatnuß und Salz unterrühren. Zum Schluß geschlagene Sahne und gehackte Petersilie unterheben.
Von dem Püree Nocken abstechen, mit der Hochrippe anrichten.

Hausgebeizte Lachsforelle mit Blinis

Marinade für 1 kg Lachsforelle

2 cl Essig
250 ml (1/4 l) Olivenöl
20 g Wacholderbeeren
5 g Koriander, gemahlen
5 g Pfefferkörner
200 g Dill mit Stengel
70 g Petersilie
70 g Kerbel
10 g Pökelsalz
50 g Salz
10 g Zucker

Für die Blinis:
Vorteig:
125 ml (1/8 l) Milch
40 g Hefe
125 g Weizenmehl

125 g Buchweizenmehl
125 g Weizenmehl
3 Eier
Salz, frisch gemahlener Pfeffer
etwas Butter

Für die Dill-Crème-fraîche:
1 Becher (150 g) Crème fraîche
1 EL gehackter Dill
Saft von 1/2 Zitrone

Als Garnitur:
etwas Friséesalat
kleine Cocktailtomaten
Olivenöl, Balsamessig
1/4 Bund Dill

Alle Kräuter grob schneiden und wie folgt in eine große Schüssel oder Form legen:
Die Hälfte von Dill, Petersilie, Kerbel, Wacholder, Koriander, Pfefferkörnern, Pökelsalz, Salz, Zucker, darauf das Lachsforellenfilet, nun die Hälfte von Essig und Öl, die restlichen Kräuter und Gewürze darauf verteilen, zum Schluß die andere Hälfte von Essig und Öl.
Dies nun 24 Stunden ziehen lassen, dabei nach 12 Stunden die Lachsforellenfilets wenden.
Für die Blinis Milch lauwarm werden lassen, darin die Hefe auflösen, dann das Mehl beigeben und alles glattrühren. Mit einem Küchentuch bedecken und an einem warmen Ort gehen lassen. Restliche Zutaten zum Vorteig geben und das Ganze nochmals glattkneten. Wieder abdecken und gehen lassen.
Etwas Butter in einer Pfanne heiß werden lassen. Kleine, runde Häufchen vom Teig in die Pfanne geben. Sobald der Teig beginnt, Blasen zu schlagen, umdrehen und für etwa 2-5 Minuten in den auf 200 °C (Heißluft etwa 180 °C) vorgeheizten Backofen schieben.
Crème fraîche, Dill, Salz, Pfeffer und Zitronensaft glattrühren und vor dem Servieren unter Rühren leicht erwärmen, damit die Sauce dünnflüssiger wird.
Friséesalat und Cocktailtomaten mit Salz, Pfeffer, Olivenöl und Balsamessig marinieren und die Teller damit ausgarnieren. Mit Dillsträußchen verzieren.

Scampi, gedünstet in Limonensaft und Tomaten mit zweierlei Reis

200 g Basmatireis
200 g wilder Reis
8 Fleischtomaten
24 Scampi ohne Panzer und Darm
10 EL Olivenöl
4 abgezogene, feingehackte Schalotten
1 abgezogene, feingehackte Knoblauchzehe
Saft von 2 Limonen
Salz
frisch gemahlener Pfeffer
3 EL Noilly Prat (Vermouth)
Butter
Blattpetersilie

Für 6 Personen

Den Reis, jede Sorte extra, in Salzwasser kochen, bis er gar ist. Den Stielansatz der Tomaten herausschneiden, sie kurz in kochendes Wasser geben. Nach etwa 15 Sekunden herausholen und in Eiswasser abschrecken. Die Haut abziehen, die Tomaten vierteln, Kerngehäuse entfernen und das Fleisch in Würfel schneiden. Die Scampi abspülen, trockentupfen, in Olivenöl anbraten, die Hälfte der gehackten Schalotten, Knoblauch, Limonensaft und Tomatenwürfel dazugeben. Kurz aufkochen lassen und mit Salz, Pfeffer und Noilly Prat abschmecken. Für den Reis die andere Hälfte der gehackten Schalotten in etwas Butter glasig dünsten, dann den Reis dazugeben und erhitzen. Scampi auf Tellern anrichten, etwas Sauce darübergeben, mit Blattpetersilie garnieren.

wenn man viel Zeit hat ...

Lammcarrée im Ratatouillemantel

Für das Lammcarrée:
ewas Speiseöl
½ TL Pfefferkörner
2 Zweige Rosmarin
1 Zweig Thymian
400 g Lammcarrée
Salz
frisch gemahlener Pfeffer
1 Schalotte
2 Knoblauchzehen
¼ TL Tomatenmark
300 ml Lammfond
(aus dem Glas)
30 g kalte Butter

Für den Ratatouillemantel:
½ Aubergine
½ rote und ½ grüne Paprika
½ Zucchini
1 Tomate
1 Schalotte
2 Knoblauchzehen
5 EL Olivenöl
½ TL gehackter Thymian
125 ml (⅛ l) Tomatensaft
(aus der Flasche)
30 g Semmelbrösel
2 Eigelb
30 g geriebener
Parmesankäse
50 g Butter
50 g geriebener Gruyère

Das Öl in einer feuerfesten Pfanne erhitzen, die Gewürze, Kräuter und das Lammcarrée hinzugeben, von allen Seiten gut anbraten, mit Salz und Pfeffer würzen. Die Pfanne auf dem Rost in den Backofen schieben und bei etwa 200 °C (Heißluft etwa 180 °C) 5 -10 Minuten braten. Das Lammcarrée soll innen noch rosa sein. Das Lamm herausnehmen, abkühlen lassen. Den Bratensatz in der Pfanne erhitzen. Die Schalotte abziehen, in Würfel schneiden, darin anbraten. Die Knoblauchzehen abziehen, zerdrücken, dazugeben.
Das Tomatenmark und den Lammfond hinzufügen. Alles auf ein Drittel einkochen lassen, die Sauce durch ein feines Sieb passieren und vor dem Anrichten mit Salz und Pfeffer würzen. Vorsichtig die kalte Butter unterschlagen.
Für den Ratatouillemantel die Aubergine waschen, in kleine Würfel schneiden. Von der Paprika mit einem Gemüseschäler die dünne Haut abschälen, das Fruchtfleisch ebenfalls in kleine Würfel schneiden. Die Zucchini ebenfalls waschen und in Würfel schneiden. Die Tomate kurze Zeit in kochendes Wasser legen, in kaltem Wasser abschrecken, enthäuten, die Stengelansätze entfernen, Tomaten entkernen und das Tomatenfleisch in kleine Würfel schneiden.
Die Schalotte und die Knoblauchzehen abziehen, kleinhacken. Das Olivenöl erhitzen, das Gemüse bis auf die Tomatenwürfel darin anbraten. Thymian, Tomatensaft, Salz und Pfeffer hinzufügen und alles gut einkochen lassen (die Flüssigkeit muß völlig verdunstet sein). Zum Schluß die Tomatenwürfel unterziehen, leicht abkühlen lassen. Semmelbrösel, Eigelb und Parmesan unterrühren. Die Oberfläche der Lammcarrées mit der Ratatouillemasse bestreichen, fest andrücken. Die Butter in dünne Scheiben schneiden, auf das Lammcarrée legen, auf dem Rost in den vorgeheizten Backofen schieben und bei etwa 200 °C (Heißluft etwa 180 °C) etwa 3 Minuten erwärmen. Anschließend den Backofengrill einschalten und so lange überbacken, bis sich eine braune Kruste gebildet hat. Dazu grüne Bohnen und die Lammsauce servieren, nach Belieben paßt auch ein knuspriger Kartoffelgratin.

Punschbirne mit gefüllten Schokoladenblättchen

Für die Punschbirne:
500 ml (½ l) Rotwein
250 ml (¼ l) Holundersaft
abgeriebene Schale von
1 Orange und 1 Zitrone
(unbehandelt)
200 g Zucker
3 Gewürznelken
1 Zimtstange
6 mittelgroße Birnen

Für die weiße Schokomousse:
1 Ei
2 EL Wasser
2 Blatt Gelatine, in kaltem
Wasser eingeweicht
130 g weiße Schokolade
2 cl Orangenlikör
abgeriebene Schale von
1 Orange (unbehandelt)
300 ml Schlagsahne

Für die braune Schokomousse:
1 Ei
2 EL Wasser
120 g Bitterkuvertüre
1 TL Espressopulver
2 cl Rum
300 ml Schlagsahne
2 Pakete dünne
Schokoladenblättchen
Pfefferminzblättchen
Puderzucker

Für 6 Personen

Den Rotwein in einen Topf geben. Holundersaft, Orangen- und Zitronenschale, Zucker, Nelken und Zimt hinzufügen, aufkochen lassen. Die Birnen schälen, entkernen, 5-10 Minuten im Punsch pochieren, vom Herd nehmen und in dem Punsch gar ziehen bzw. auskühlen lassen. (Die Birnen können ruhig einen Tag in der Flüssigkeit bleiben, sie behalten das Aroma). Für die weiße Mousse Ei und Wasser in einem Topf im heißen Wasserbad schaumig schlagen. Die Gelatine ausdrücken, dazugeben, so lange schlagen, bis sich die Gelatine vollständig aufgelöst hat. Die weiße Schokolade schmelzen lassen, unterrühren. Den Orangenlikör und die Orangenschale einrühren, die Creme glattrühren. Die Schlagsahne nicht zu steif schlagen, unterheben.

Für die braune Mousse ebenfalls Ei und Wasser in einem Topf im heißen Wasserbad schaumig schlagen. Die Bitterkuvertüre schmelzen lassen, unterrühren. Espressopulver und Rum einrühren, die Creme glattrühren. Die Schlagsahne nicht zu steif schlagen, unterheben.

Die weiße und die braune Schokomousse in je einen Spritzbeutel füllen, auf die Schokoladenblättchen spritzen und zu einem Turm zusammensetzen (abwechselnd weiß und braun). Die Schokoladenblättchen mit der aufgeschnittenen Punschbirne auf Dessertellern anrichten, mit Pfefferminze garnieren und mit Puderzucker bestäuben.

Schokoladentorte à la Lafer

Für den Tortenboden:
55 g Butter
25 g Puderzucker
55 g weiße Schokolade, aufgelöst
2 Eigelb
3 Eiweiß
35 g Zucker
50 g Weizenmehl
15 g Walnußkerne, gemahlen

Für die Schokoladencreme:
1 Ei
40 g Vollmilchkuvertüre
120 g Bitterkuvertüre
Schale von 1 Orange
2 cl Amaretto
1 cl Rum
1 geschlagenes Eiweiß
50 g geschlagene Schlagsahne
100 g Creme double
etwa 50 g Kakaopulver

Butter mit Puderzucker schaumig schlagen. Weiße, aufgelöste Schokolade und Eigelb nach und nach beigeben. Weiter schaumig schlagen. Getrennt davon Eiweiß mit Zucker schaumig schlagen. Den Eischnee abwechselnd mit dem Mehl und den gemahlenen Walnüssen vorsichtig unter die Schokoladenmasse heben. In einen Tortenreifen von 19 cm Durchmesser füllen und bei 180 °C (Heißluft etwa 160 °C) etwa 30 Minuten backen. Gut auskühlen lassen.
Ei über dem Wasserbad aufschlagen. Geschmolzene, noch warme Vollmilch- und Bitterkuvertüre vorsichtig unterrühren. Ebenso die geriebene Orangenschale, Amaretto und Rum.
Den Eischnee, die geschlagene Sahne und Creme double vorsichtig unterheben. Masse auf den ausgekühlten Boden im Tortenreifen verteilen. Kühl stellen.
Anrichten: Den Tortenreifen lösen und die Torte dick mit Kakao bestäuben. Eventuell mit Schokoladentrüffeln verzieren.

Schokoladenschaum

180 g Bitterschokolade
1 Ei
1 Eigelb
100 g Zucker
450 ml Schlagsahne
1 cl Grand Marnier
1 cl Rum unterrühren
etwas steif geschlagene Schlagsahne
frische Früchte
Schokoladenraspel

Für 6 Personen
Die Schokolade in einem Topf im Wasserbad vorsichtig schmelzen lassen. Das Ei mit Eigelb und Zucker in einer Edelstahlschüssel im Wasserbad schaumig schlagen, bis der Schaum dickflüssig wird. Die flüssige Schokolade unter die Eimasse ziehen. Die Sahne fast steif schlagen, zunächst ein Drittel, danach zwei Drittel unter die Masse heben. Die Creme in große Tassen einfüllen, etwa 1 Stunde kühl stellen. Den Schokoladenschaum mit etwas Schlagsahne, Früchten und Schokoladenraspeln garnieren.

SANCERRE
MARCEL JACQUIER
ATTRAKTIV

Ich war eine Dosensuppe – Tuning Tips für Fertiggerichte

Bettina

Rallyestreifen für Vorgekochtes

Zuerst: **Tomatensuppe mit Mozzarella**, dann: **Seeteufel mit Linsen**, zum Schluß: **Vanilleeis mit heißen Kirschen**

Ich war eine Dosensuppe

Bettina ist erst vor kurzem in ihre neue Wohnung umgezogen, lebt deshalb noch aus dem Koffer, hauptsächlich von Konserven und vereinzelt von Vanilleeis aus ihrem Tiefkühlfach. Ihren Arbeitskollegen Peter, der ihr technisch begabt scheint, hat sie gefragt, ob er ihr helfen könne, ein paar Lampen aufzuhängen und den Herd anzuschließen.

Tomatensuppe mit Mozzarella

1 Zwiebel, 2 EL Olivenöl
2 EL Speckwürfel
1 Knoblauchzehe
1 Thymianzweig
1 EL Tomatenmark, 5 Tomaten
500 ml Fleischbrühe
2 EL Crème fraîche
3 EL geschlagene Sahne
Salz, Pfeffer
1 cl Sherry
200 g Mozzarella
50 g Mehl, 2 Eier
Semmelbrösel, Kerbelblättchen

1. Zwiebel abziehen, fein würfeln, in Öl andünsten. Speck und gehackte Knoblauchzehe hinzufügen. Thymian waschen und mit dem Tomatenmark hinzufügen, kurz mitrösten. Die Tomaten putzen und vierteln und mit der Fleischbrühe hinzufügen. Etwa 20 Minuten leicht köcheln lassen, pürieren, passieren.
2. Crème fraîche und Sahne unterrühren, mit Salz, Pfeffer und Sherry abschmecken.
   Den Mozzarella in Scheiben schneiden, würzen und in Mehl, verquirlten Eiern und Semmelbröseln wenden. Das Öl erhitzen, die Mozzarellascheiben darin auf beiden Seiten goldgelb braten.
3. Die Suppe mit dem Mozzarella und dem Kerbel servieren.

Sie würde ihm dafür zum Dank auch etwas kochen. Peter ist zwar gerne bereit, sich um die elektrischen Anschlüsse zu kümmern, bei der Vorstellung von warmer Dosennahrung würde er aber auf Bettinas Dankeschön gerne verzichten und schlägt ihr deshalb als Alternative einen Eisdielenbesuch vor.

Damit ihr der Techniker nicht verlorengeht, geht sie erst einmal auf Peters Alternativvorschlag ein. In Wahrheit hält sie aber an ihren Kochplänen fest, denn erstens muß der Herd ausprobiert werden und zweitens hat sie jetzt nicht eine Wohnung mit Balkon, um sich in der nächstbesten Eisdiele 'rumzudrücken.

Außerdem, von wegen warme Dosennahrung, da wird sich der liebe Kollege schon noch wundern, was man so alles aus der Dose und dem Tiefkühler herausholen kann.

Warhol-Memorial-Soup

Man muß natürlich gleich am Anfang erwähnen, daß nicht nur Bettinas Kollege Peter skeptisch ist. Auch Meisterkoch Johann Lafer muß bei diesem Kapitel doch erst einmal schlucken. Bettina ist von allem aber gänzlich unbeeindruckt. Nachdem Peter voller Vorfreude auf ein Spaghettieis den Herd angeschlossen hat, hat Bettina eine von jenen durch Andy Warhol berühmt gewordenen Campbell's Tomatensuppen geöffnet, die ihr eine Freundin aus den Staaten mitgebracht hat. Zum Verfeinern der Suppe gibt Bettina einfach etwas Sherry hinzu und fertig. „Man könnte", hakt hier, vom ersten Schock offenbar erholt, Johann Lafer ein „zur Tomatensuppe natürlich noch etwas geschlagene Sahne geben und sie mit einem Sahnehäubchen auch optisch erheblich aufbessern. Und mit ein paar Croûtons, also gerösteten Weißbrotwürfeln, begeht man auch bei einer Tomatensuppe aus der Dose oder aus der Tüte keinen Fehler, ganz im Gegenteil."

gar nicht so schlecht

eine Suppe als Vorspeise

Seeteufel mit Linsen

1. Seeteufel würzen und in dem heißen Öl 5-7 Minuten braten. Herausnehmen und 5 Minuten ruhen lassen.
2. Die Schalotte abziehen, würfeln, glasig dünsten. Fischfond und Sahne hinzufügen und reduzieren. Mit in Wasser angerührter Stärke binden, Kräuter hinzufügen und Sahne unterheben.
3. Zucker bei nicht zu starker Hitze bräunen, die abgezogene, gehackte Zwiebel zugeben, kurz mitdünsten, mit Essig ablöschen. Die Butter und die Linsen zugeben und so lange kochen, bis die Linsen weich sind. Die Tomate würfeln, hinzufügen, mit Salz und Pfeffer würzen. Den Seeteufel in Scheiben auf den Linsen anrichten, die Sauce darübergeben.

800 g Seeteufel
Salz, Pfeffer, 2 cl Olivenöl
1 Schalotte, 1 EL Butter
200 ml Fischfond im Glas
200 ml Sahne
1 TL Speisestärke
gehackte Petersilie
2 EL geschlagene Sahne
1 EL Zucker, 1 Zwiebel
125 ml Balsamessig
1 EL Butter
250 g Linsen aus der Dose
1 abgezogene Tomate

Büchsen-Verve

Neben dem Vanilleeis und ein paar tiefgefrorenen Kräutern ist in Bettinas Tiefkühler auch noch ein Filetstück von einem Angler vorrätig. Bettina kann als Beilage zu dem äußerst schmackhaften Seeteufel, unter diesem Namen ist der Angler- oder Froschfisch ebenfalls bekannt, zwar nur eine Dose Linsen bieten, aber mit einem Fond aus Hummer-Essenz läßt sich diese vorzüglich verfeinern. Peter ist begeistert und selbst Johann Lafer kann dem zustimmen, auch wenn er anfänglich wegen der eigenwilligen Zusammenstellung von ausgezeichnetem Anglerfilet und Dosenware Bedenken anmeldete.

Fischfond aus dem Supermarkt ist schon die halbe Miete

„Aber mit so einem Fisch- oder Fleischfond kann man geschmacklich einiges erreichen. Und wenn man dann das Ganze noch mit ein paar frischen Kräutern garniert, dann ist schon viel gewonnen. Um saisonalen Tiefs zu entgehen, ist es übrigens durchaus zu empfehlen, Kräuter tiefgekühlt aufzubewahren. Der aromatische und geschmackliche Unterschied zu getrockneten Kräutern ist enorm."

Dreisternefach

Als Dessert kredenzt Bettina selbstverständlich Vanilleeis. Dazu gibt es heiße Sauerkirschen. Peter, mittlerweile von den Kochkünsten Bettinas überzeugt, hat das Spaghettieis längst vergessen und ist begeistert. Und Johann Lafer, dem Zweisternekoch und Sorbet-Spezialisten, gestehen wir am Ende zu, über Eis aus dem Dreisternefach zu schweigen. Ansonsten hätte er bestimmt gesagt, daß es daran nichts mehr zu verbessern gibt.

Peter schmeckt's

Vanilleeis mit heißen Kirschen

1. Milch, Sahne, Zucker und Vanillemark aufkochen.
2. Eier und Eigelb mit einem Schneebesen in einer Schüssel schaumig rühren, die kochende Flüssigkeit unter Rühren langsam in die Eimasse gießen. Das Ganze wieder in den Topf zurückgießen. Vorsichtig nochmals erwärmen, aber nicht mehr kochen lassen. durch ein feines Sieb gießen.
3. Wenn die Masse erkaltet ist, in der Eismaschine frieren.
4. Sauerkirschen mit Zucker bestreuen, Saft ziehen lassen. Mit Zimtstange und Orangenschale aufkochen.
5. Vanilleeis portionieren, in Schälchen geben und darüber die heißen Kirschen füllen.

Für das Vanilleeis:
250 ml Milch
250 ml Sahne
80 g Zucker
Mark von
1 ½ Vanilleschoten
2 Eier
2 Eigelb

400 g Sauerkirschen
100-125 g Zucker
1 Zimtstange, abgeriebene
Schale von 1 Orange

Fast Fertig

Pilzsuppe aus der Packung

2 Päckchen Champignonsuppe
100 g Champignons
Butter
2 EL gehackte Schalotten
½ abgezogene, zerdrückte Knoblauchzehe
1 EL Speckwürfel
2 EL Weißwein
2 Fleischtomaten
1 EL gehackte Petersilie
3 EL geschlagene Sahne

Für 6 Personen

Suppe wie auf der Packung beschrieben zubereiten. Champignons putzen, vierteln und mit der Butter andünsten. Schalotten, Knoblauch und Speck dazugeben und mit Weißwein ablöschen. Die Suppe mit dem Champignonfond mixen und passieren.

Den Stengelansatz aus den Tomaten herausschneiden, die Tomaten in kochendes Wasser geben.

Nach etwa 10 Sekunden in Eiswasser abschrecken, schälen, vierteln und entkernen. Danach das Fruchtfleisch in Würfel schneiden.

Vor dem Anrichten Petersilie, Tomatenwürfel und geschlagene Sahne in die Suppe geben und servieren.

Auflauf von Dosenravioli

1 Zwiebel
100 g Butter
100 ml Weißwein
250 ml (¼ l) Schlagsahne
3 Eigelb
Salz, frisch gemahlener Pfeffer
1 Dose (750 g) Ravioli ohne Flüssigkeit
60 g geriebener Gruyère Käse
gehackte Kräuter, z. B. Petersilie, Schnittlauchröllchen

Zwiebel abziehen, in feine Würfel schneiden und in der Butter, ohne Farbe, andünsten. Anschließend mit Weißwein und Sahne ablöschen und auf die Hälfte einkochen lassen. Leicht abkühlen lassen.

Das Eigelb unter die nicht mehr kochende Flüssigkeit geben und vermengen. Mit etwas Salz und Pfeffer abschmecken. Die Ravioli in eine feuerfeste Form geben und die Eiermasse darübergeben. Mit dem geriebenen Käse bestreuen und im Backofen bei etwa 200 °C (Heißluft etwa 180 °C) 20-25 Minuten backen. Herausnehmen, mit gehackten Kräutern bestreuen und sofort servieren.

Minipizza mit Mozzarella und Tomaten

Für den Pizzateig:
Eine Packung Pizzateig (aus der Kühltheke) oder
20 g Hefe
125 ml (1/8 l) Milch
1 Eigelb
250 g Weizenmehl
20 ml Olivenöl

Für die Tomatensauce:
150 g Tomaten
200 g Mozzarella
100 g Zwiebeln
3 EL Olivenöl
80 g Tomatenmark
200 g geschälte Tomaten
200 ml Tomatensaft
1 1/2 Knoblauchzehen
3 Basilikumzweige
10 Blätter Basilikum

Für 6 Personen

Die Zutaten für den Teig in ein Rührgerät geben und alles gut miteinander verkneten. Mit einem Tuch abdecken und an einem warmen Ort eine halbe Stunde gehen lassen.
Danach dünn ausrollen und kleine runde Förmchen (8 cm Durchmesser) damit auslegen. Mit einer Gabel mehrmals einstechen. Nochmals gehen lassen.

Tomaten kurz in heißes Wasser tauchen, in kaltem Wasser abschrecken und die Haut abziehen. Kerngehäuse entfernen und Tomaten wie den Mozarella in kleine Würfel schneiden. Zur Seite stellen.
Zwiebeln abziehen und kleinschneiden. Das Olivenöl in einem Topf erhitzen, die Zwiebeln darin glasig dünsten. Tomatenmark hinzugeben, nur kurz weiterdünsten, da es sonst bitter wird. Mit geschälten Tomaten und Tomatensaft auffüllen. Abgezogene Knoblauchzehen und Basilikumstengel dazugeben. Die Sauce stark einkochen lassen, bis kaum noch Flüssigkeit im Topf ist. Sauce mixen und durch ein Sieb passieren, mit Salz und Pfeffer abschmecken. Gewürfelte Tomaten und Mozzarella unter die passierte Sauce mischen und die Masse auf dem Teig in den Förmchen verteilen. Basilikumblätter in feine Streifen schneiden und darüberstreuen.
Im vorgeheizten Backofen bei etwa 200 °C (Heißluft etwa 180 °C) etwa 12 Minuten backen.

Ein Gericht mit vielen Namen

Für das Apfelmus:
2 Äpfel
50 g Zucker
1 Zimtstange
3 Nelken
Saft von 1 Zitrone
Schale von 1/2 Zitrone (unbehandelt)
250 ml (1/4 l) Weißwein

1 Packung TK- Kartoffelpuffer
oder:
200 g Kartoffeln
1/2 Zwiebel
10 g Butter
2 Eigelb
Salz
frisch gemahlener Pfeffer
geriebene Muskatnuß
Speiseöl

Kartoffelpuffer mit Apfelmus

Äpfel schälen und das Kerngehäuse entfernen. Zucker, Zimtstange, Nelken, Zitronensaft und Zitronenschale mit dem Weißwein aufkochen lassen. Die geschälten, entkernten Äpfel zugeben und weich dünsten. Gewürze entfernen. Die Äpfel durch ein Sieb passieren. Kartoffeln schälen und fein raspeln. Zwiebel abziehen, fein würfeln, in Butter kurz andünsten und unter die Kartoffeln mischen. Eigelb, Salz, Pfeffer, Muskat zugeben und alles gut durchrühren. Zu Kartoffelpuffern formen und in reichlich Speiseöl goldgelb ausbacken.
Die heißen Kartoffelpuffer mit dem Apfelmus servieren.

Käsespätzle – die schnelle Version

1 Packung Spätzle
Salz
frisch gemahlener Pfeffer
geriebene Muskatnuß
Butter
100 g geriebener Emmentaler
1 Tüte Röstzwiebeln

Spätzle nach Anweisung auf der Packung garen, auf ein Sieb geben, abtropfen lassen. Eine Auflaufform mit Butter ausstreichen. Die Spätzle mit Pfeffer und Muskat würzen. Die Hälfte des Emmentalers unterrühren.
Die Spätzle in die Auflaufform füllen, mit dem restlichen Käse bestreuen. 10 Minuten bei 180-200 °C (Heißluft 160-180 °C) überbacken. Mit den Röstzwiebeln bestreuen und einen frischen Salat dazu servieren.

Käsespätzle – die aufwendige Version

500 g Weizenmehl
5 Eier
Salz
geriebene Muskatnuß
etwas Mineralwasser
etwas geklärte Butter
150 g abgezogene Schalotten, in dünne Scheibchen geschnitten
frisch gemahlener Pfeffer
200 g geriebener Emmentaler Käse
1 abgezogene Zwiebel, in kleine Würfel geschnitten
etwas Speiseöl

Mehl mit Eiern, Salz, Muskat und Wasser zu einem Spätzleteig gut verrühren. In einem Topf Salzwasser zum Kochen bringen. Topf darf nur $^{3}/_{4}$ voll sein. Teig mit Hilfe eines Spätzlehobels in das kochende Wasser drücken, oder mit einem nassen Teigschaber vom Brett dünne Streifen ins Wasser schaben.
Spätzle kurz aufkochen lassen. Wenn sie an der Oberfläche schwimmen mit einem Schaumlöffel herausnehmen, kurz in kaltes Wasser tauchen und auf einem Küchentuch abtropfen lassen. Geklärte Butter in einer feuerfesten Auflaufform erhitzen und die Schalotten darin goldgelb dünsten. Dann die Spätzle dazugeben, kurz mitbraten und mit Salz, Pfeffer und Muskat abschmecken.
Ein Drittel des Emmentalers unterrühren. Den Rest darüberstreuen und für etwa 10-15 Minuten bei 200 °C (Heißluft etwa 180 °C) in den Backofen schieben.
In der Zwischenzeit Zwiebelwürfel in Öl zu Röstzwiebeln in einer Pfanne rösten. Die Form aus dem Backofen nehmen, die Zwiebelwürfel darüberstreuen.

Erdbeeren in Krokantblätterteig

Ein großes Stück Blätterteig (tiefgekühlt)

Für die Creme:
100 ml Schlagsahne
40 g feiner Zucker
3 Eigelb
2 Blatt weiße Gelatine
1 TL Zitronensaft
2 cl Orangenlikör
100 ml geschlagene Sahne

350-400 g Erdbeeren, wenn möglich Senga Sengana, geputzt und gewaschen
100 g passiertes Erdbeer- oder Himbeerpüree
Minzeblättchen
Puderzucker

Blätterteig viereckig etwa 3 mm dick ausrollen, auf ein vorher mit Wasser beträufeltes Backblech legen. Mit einem Gitter beschweren, damit der Teig nicht stark aufgeht. Dann im Ofen bei etwa 240 °C (Heißluft etwa 200 °C) gut ausbacken, auskühlen lassen und in Rechtecke von 5 x 10 cm schneiden. Nun dick mit Puderzucker bestreuen und unter dem Grill gold-gelb karamelisieren lassen. Wenn die Rechtecke ausgekühlt sind, den Vorgang von der anderen Seite wiederholen.

Für die Creme Sahne und Zucker aufkochen lassen, ein Drittel der kochenden Flüssigkeit zum Eigelb geben, glattrühren. Beides zusammen wieder in den Topf geben, auf den Herd stellen und unter ständigem Rühren so lange auf dem Herd stehenlassen, bis das Ganze dickflüssig wird (darf auf keinem Fall mehr kochen!) Sofort durch ein feines Sieb in ein kaltes Gefäß passieren. Gelatine in kaltem Wasser auflösen und unter die Creme geben. Alles auskühlen lassen. Die erkaltete Creme mit dem Zitronensaft und Orangenlikör glattrühren und die geschlagene Sahne unterheben.

Zum Anrichten ein Blätterteigrechteck in die Mitte des Tellers legen, die Creme darauf geben. Die Erdbeeren vorsichtig in die Creme drücken. Nochmals Creme darauf geben und ein zweites karamelisiertes Blätterteigrechteck darauf setzen. Den Teller mit Vanillesauce, Erdbeerpüree, Minze und Puderzucker garnieren. Natürlich kann man anstatt der Erdbeeren auch andere Früchte nehmen.

Westfälische Götterspeise

60 g Zucker
200 ml Rotwein
100 ml Johannisbeersaft
Schale von 1/4 Orange
und 1/4 Zitrone
(jeweils unbehandelt)
1 Zimtstange
1 Packung Beerencocktail
(300 g, tiefgekühlt)
200 g Pumpernickel
250 ml (1/4 l) Schlagsahne
50 g Zucker
3 EL Rum
1 EL Bourbon-Vanillezucker
50 g Kakaopulver
Schokoladenraspel

Zucker, Rotwein und Johannisbeersaft in einem flachen Topf sirupartig einkochen lassen. Orangen- und Zitronenschale, Zimtstange dazugeben und mitkochen lassen. Die Beeren dazugeben, kurz einrühren und vom Feuer nehmen. Kalt stellen.
Pumpernickel in einer Küchenmaschine grob reiben, in einer Pfanne ohne Fett rösten, abkühlen lassen.
Die Sahne mit dem Zucker steif schlagen, Rum und Bourbon-Vanillezucker unterrühren. Gerösteten Pumpernickel unterheben. Die Pumpernickelsahne und die ausgekühlten Früchte nun schichtweise in Gläser füllen. Die oberste Schicht mit dem Kakaopulver bestreuen.
Mit der restlichen Pumpernickelsahne eine Rosette darauf spritzen und mit Schokoladenraspeln verzieren.

Strudelteigkörbchen mit Obstsalat aus der Dose

1 Paket Strudelteig
(aus der Kühltruhe)
etwas Puderzucker
1 Dose Obstsalat (Einwaage 500 g)
evtl. etwas Himbeergeist
Saft von 2 Orangen
1 EL feiner Zucker
1 Vanilleschote, aufgeschnitten
1 Packung Beerencocktail
(300 g, tiefgekühlt) oder
100 g Himbeeren
100 g Erdbeeren
100 g Brombeeren

Den Strudelteig in etwa 10 x 10 cm große Stücke schneiden. Den Strudelteig in eine feuerfeste Form (Souffléförmchen oder Kaffeetasse) legen, so daß ein Körbchen entsteht. Mit Puderzucker bestreuen. Unter dem Backofen-Grill nun so lange backen, bis die Körbchen eine schöne goldbraune Farbe haben, dann auskühlen lassen. Obstsalat auf ein Sieb schütten und nach Geschmack in Himbeergeist marinieren. Orangensaft mit dem Zucker und der aufgeschnittenen Vanillesschote etwa 3 Minuten kochen lassen. Dann abkühlen lassen und zu dem marinierten Obstsalat geben. Diesen in die Strudelteigkörbchen füllen und dann mit frischen Beeren garnieren.

Wenn der Alltag verwöhnen muß

zum Genuß wird –
nicht teuer sein

Vorher: **Muscheln Rheinische Art**, dann: **Lasagne**, zum Dessert: **Weiße Schokoladenmousse mit Erdbeeren**

Wenn der Alltag zum Genuß wird

Mona hatte die Idee und Klaus war sofort einverstanden. Mona, stellvertretende Leiterin einer Sparkasse, hat oft Streß im Beruf. Klaus, Betriebswirtschaftstudent, muß sich auf sein Examen vorbereiten. Beide wohnen zusammen, sie sind sich aber seit drei Wochen meist nur zwischen Tür und Angel begegnet. Um diese unerquickliche Situation zu beenden, schlägt Mona gemeinsames Kochen vor. Sie knobeln, wessen Lieblingsvorspeise, -hauptgericht und -nachtisch gekocht werden sollen. Statt sich miesepetrige, Currywurst verschlingende Kommissare, Werbefamilien beim Spaghettiessen und Götterspeise essende Anwälte im Fernsehen anzuglotzen, wollen sie sich lieber mit Miesmuscheln Rheinische Art, Gemüselasagne und Weißer Mousse mit Erdbeeren verwöhnen.

Mona ist für Vor- und Nachspeise verantwortlich und Klaus will sich um seine Spezialität, die Gemüselasagne kümmern. Die Hardware, Lasagneplatten und weiße Schokolade, ist im Haus und um die frischen Ingredienzien wie Muscheln, Gemüse und Erdbeeren wird sich Mona kümmern, am Freitag in der Mittagspause, soviel Zeit muß sein.

Einkaufen ist Vertrauenssache

Einkaufen ist Vertrauenssache.

Mona hat das Glück, daß sich in der Nähe der Bank sowohl ein Frischfischgeschäft als auch ein Obst- und Gemüsehändler befinden, denen sie Vertrauen schenkt, was die Qualität ihrer Waren anbetrifft. „Einkaufen ist Vertrauenssache", meint auch Johann Lafer. „Wenn der Einkauf nicht stimmt, keine Vertrauensbasis zwischen Käufer und Verkäufer aufgebaut werden kann, dann ist das kein guter Auftakt für das Kochen. Oft ist es doch so: Sie gehen auf den Markt oder in die Markthalle, weil sie Topware kaufen wollen und den Händlern ein größeres Vertrauen schenken als ihrem Supermarkt um die Ecke. Aber wie oft passiert es, daß sie nach Hause kommen, viel Geld

Muscheln Rheinische Art

- 1 Möhre
- 1/2 Lauch
- 2 Staudensellerie
- 2 kleine Tomaten
- 2 EL Butter
- 1/2 Bund Petersilie
- 1 Lorbeerblatt
- 1 TL schwarze Pfefferkörner
- 250 ml (1/4 l) trockener Weißwein
- 250 ml (1/8 l) Wasser, Salz
- 2 kg Miesmuscheln

1. Möhre, Lauch, Staudensellerie, Tomaten putzen, waschen, würfeln, in einem großen Topf in der Butter andünsten.
2. Petersilie, Lorbeerblatt und Pfefferkörner dazugeben.
3. Weißwein und Wasser hinzugießen, zugedeckt etwa 20 Minuten köcheln lassen.
4. Den Sud mit Salz abschmecken und die Miesmuscheln zugeben. Miesmuscheln müssen geschlossen sein, offene entfernen, etwa 5 Minuten bei schwacher Hitze köcheln lassen.
5. Die Muscheln - nur die geöffneten verwenden - mit etwas Sud servieren.

Mona in ihrer Küche

ausgegeben haben, um dann festzustellen, daß ihre 200 Gramm Feldsalat dahingegangen sind, weil der Händler den empfindlichen Salat als erstes in die Tasche gepackt hat, dann die Tüte mit den Tomaten, obendrauf das Kilo Orangen und zum Schluß womöglich noch den Kohlkopf. Da hätten sie sich um die Ecke besser selbst bedient."

Geschlossene Gesellschaft

Mona hat am Freitagnachmittag den Absprung in das Wochenende als erste geschafft. Klaus ist noch nicht zu Hause. So macht sich Mona an die Vorbereitung der Muscheln: Diese müssen zunächst gründliche vom Sand befreit werden, am besten mit einer Bürste. Außerdem muß auch der sogenannte Bart vollständig herausgerissen werden. Während des Säuberns kann man gleich kontrollieren, ob die Muscheln geschlossen sind. Sind sie bereits zu diesem Zeitpunkt offen, dann deutet dies darauf hin, daß die Muscheln nicht mehr frisch, also nicht mehr zum Verzehr geeignet sind. Später beim Kochen ziehen sich die Schließmuskeln durch die Hitze zusammen; dann sollte aus der geschlossenen eine offene Gesellschaft geworden sein.

Muscheln kochen leicht gemacht

Lasagne

1. Lasagneblätter 2-3 Minuten in kochendes Salzwasser geben, unter kaltem Wasser kurz abschrecken, sehr gut abtropfen lassen.
2. Eine feuerfeste Form mit Butter ausstreichen, eine Schicht Lasagne hineinlegen, löffelweise Bologneser- und Béchamelsauce, Mozzarella und Parmesan dazugeben. So weiterverfahren, bis fast alle Zutaten verbraucht sind. Die letzte Schicht soll aus Lasagneblättern bestehen. Restliche Béchamelsauce darauf streichen und restlichen Parmesan und die Butter in Flöckchen darauf verteilen.
4. Die Form auf dem Rost in den auf 250 °C (Heißluft 220 °C) vorgeheizten Backofen schieben, etwa 20 Minuten backen.

250 g grüne Lasagneblätter, fertig gekauft
50 g Butter
Bologneser Sauce, Seite 120
Béchamelsauce, Seite 121
150 g kleingeschnittener Mozzarella
50 g geriebener Parmesan

Mise en place. Fertig. Los.

Wie auch sonst im Leben ist beim Kochen die Organisation das A und O. In diesem Fall bedeutet dies, daß zunächst das gesamte Gemüse, das für die „Rheinische Art" benötigt wird, geputzt und auf etwa die gleiche Größe geschnitten wird. Letzteres deshalb, damit eine annähernd synchrone Garzeit erreicht wird.

Johann Lafer: „Ein häufiger Fehler ist, daß man zum Beispiel anfängt, die Zwiebeln anzubraten und die weiteren Zutaten noch ungeputzt und ungeschnitten auf dem Küchentisch liegen. So entstehen dann Streßsituationen, die der Profi durch das Zauberwort ‚mise en place' verhindert. Es bedeutet schlicht und einfach, daß zunächst alle Ingredienzen, die für den folgenden Kochabschnitt benötigt werden, soweit vorbereitet sind, daß sie nur noch zugegeben werden müssen. Unvermutet stark versandetes Lauchgemüse etwa kann nur denjenigen zur Verzweiflung bringen, dessen Möhren bereits im Kochtopf garen."

Bei den Miesmuscheln „Rheinische Art" ist noch von besonderer Bedeutung, daß die folgende Reihenfolge eingehalten wird. Zuerst die Muscheln in den Topf geben, bei großer Hitze, damit sich die Schließmuskeln zusammenziehen. Erst danach kommt das Gemüse dazu, bei geringerer Hitze, damit es nicht verbrennt.

das Zauberwort

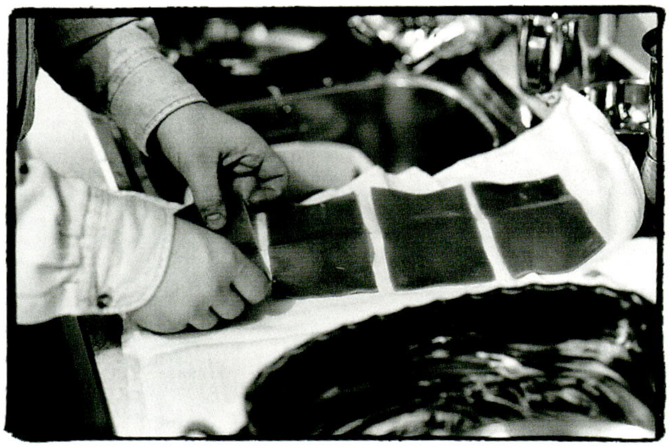

Bologneser Sauce für die Lasagne

70 g gekochter Schinken
1-2 EL Speiseöl
1 Zwiebel, 1 Möhre
½ Selleriestange
2 Knoblauchzehen
300 g Gehacktes vom Rind
100 ml Rotwein
170 g geschälte Tomaten
Salz, frisch gemahlener Pfeffer
geriebene Muskatnuß
Petersilie
Majoran

1. Für die Bologneser Sauce auf kleiner Flamme Schinken, Öl und kleingeschnittenes Gemüse anrösten. Hackfleisch dazugeben und gut vermischen.
2. Bei mittlerer Hitze garen; Wein zugießen und einkochen lassen.
3. Zerkleinerte Tomaten, Salz, Pfeffer und Muskatnuß dazugeben und weitere 40 Minuten zugedeckt auf kleiner Flamme garen lassen.
4. Mit Petersilie und Majoran abschmecken.

Schichtbetrieb

Klaus hat mittlerweile die Zutaten für seine Lasagne vorbereitet. Er hat bereits den Ratschlag des „mise en place" beherzigt und ist beeindruckt mit wieviel Muße er zu Werke gehen kann. Er kann die Selleriestauden nicht nur gründlich waschen, sondern kann sich die Zeit nehmen, sie richtig zu schälen, indem er die einzelnen Fäden abzieht. Das neue Gefühl der inneren Ruhe bekommt auch der Béchamelsauce, die Klaus sonst immer Kopfzerbrechen bereitet hat. Routinier Lafer gibt noch einige wichtige Hinweise für das Gelingen der Sauce: „Grundsätzlich sollte der weniger erfahrene Koch die im Rezept angegebenen Mengenangaben nicht abschätzen, sondern in jedem Fall abwiegen. Um das Klumpen der Sauce zu vermeiden, muß erstens das Mehl kurz angeröstet werden, damit sich der Kleber auflöst und zweitens ist es wichtig, die Milch nicht kalt, sondern lauwarm einzurühren. Wird die Béchamelsauce zur Hälfte mit einer Rindfleischbrühe zubereitet, verliert sie ihren durch das Mehl und die Milch verliehenen neutralen Geschmack. Die Zugabe von Brühwürfeln ist ebenfalls möglich. Da durch das Gemüse und die Sauce genug Flüssigkeit vorhanden ist, können die Lasagneplatten, nachdem sie kurz angekocht wurden, ruhig trockengelegt werden. Dies gelingt am besten mit einem Küchenhandtuch."

neißt 'Mis en place'

Béchamelsauce

1. Butter in einem Topf zerlassen, nach und nach das Mehl einstreuen, unter ständigem Rühren erhitzen, bis es hellgelb ist.
2. Milch langsam unter ständigem Rühren hinzugießen, die Sauce zum Kochen bringen, mit dem Brühwürfel, Salz, Pfeffer und Muskatnuß abschmecken.
3. Bei schwacher Hitze 10-15 Minuten köcheln lassen, bis die erforderliche Konsistenz erreicht ist.

60 g Butter, 60 g Mehl
350 ml Milch
$1/2$ Brühwürfel
Salz, frischen Pfeffer, geriebene Muskatnuß

Krönender Abschluß

Bis jetzt waren Mona und Klaus sehr ruhig und entspannt geblieben. Bei der Zubereitung der Mousse aber breitet sich ein Hauch von Nervosität in der Küche aus. Zu oft ist ihnen dieser Nachtisch in der Vergangenheit zusammengefallen. „Kein Grund zur Panik", wendet der Spezialist ein. „Das Gelingen einer Mousse hängt von ein paar entscheidenden Dingen ab. Wenn man die möglichen Fehlerquellen berücksichtigt, kann nichts passieren. Zunächst muß man darauf achten, daß beim Schmelzen der Schokolade im Wasserbad kein Wasser in die Schokolade oder die Kuvertüre gelangt. Dagegen gibt man, um das unerwünschte Stocken des Eigelbes (Rühreieffekt) über dem Wasserbad zu verhindern, hier etwas Wasser dazu. Man kann auch statt dessen die in Wasser eingeweichte Gelatine dazugeben, das erhöht zusätzlich noch das Volumen. Um eine optimale Verbindung der verschiedenen Fette in der Schokolade, im Eigelb und in der Sahne zu erreichen, sollte man diese Anteile an der Mousse unter leichter Wärmezufuhr vermischen. Das wichtigste aber ist, daß der Eischnee zunächst nur zu einem Drittel untergehoben wird und erst dann die restlichen zwei Drittel. Beachtet man dies nicht, ist der Mißerfolg schon fast vorprogrammiert."

Es ist fast überflüssig zu erwähnen, daß Monas Mousse mit Erdbeeren an diesem Abend gelingt wie noch nie zuvor.

Weiße Schokoladenmousse mit Erdbeeren

2 Tafeln weiße Schokolade
3 Eier
2 Blatt Gelatine
5 Eiweiß
130 g Zucker
150 ml steif geschlagene Sahne
etwas Grand Marnier
Schokoladenraspel
400 g Erdbeeren
etwas Puderzucker

1. Schokolade zerbröckeln, über dem Wasserbad schmelzen. Eier trennen, Eigelb schaumig schlagen.
2. Die Gelatine in kaltem Wasser einweichen, ausdrücken zum Eigelb geben und über dem Wasserbad verrühren, danach die geschmolzene Schokolade unterrühren.
3. 5 Eiweiß mit Zucker steif schlagen. Die Schokoladenmasse mit $^1/_3$ der Schlagsahne und $^1/_3$ des Eiweiß verrühren, erst dann restliche Schlagsahne und restliches Eiweiß unterheben. Mit Grand Marnier verfeinern und etwa 1 Stunde in den Kühlschrank stellen.
4. Die Mousse zu kleinen Nocken formen, mit Schokoladenrapseln und den geputzten, gewaschenen Erdbeeren garnieren.

Den Alltag genießen

Eine Haube für die Suppe

Zwiebelsuppe unter der Sesam-Blätterteighaube

400 g Zwiebeln
50 g Butter
2 Knoblauchzehen, feingehackt
1 TL Weizenmehl
1 EL Weißweinessig
250 ml (1/4 l) Weißwein
400 ml Geflügelbrühe
2 Lorbeerblätter
1 Thymianzweig
15 feinzerdrückte Kümmelsamen
Salz, frisch gemahlener Pfeffer
etwa 100 g Crème fraîche oder Schmand
250 g Blätterteig
2 Eigelb
einige Tropfen Wasser
1 EL Sesamkörner

Zwiebeln abziehen und in feine Streifen schneiden. Butter in einem Topf zerlassen, gehackten Knoblauch andünsten, Zwiebelstreifen beigeben und so lange rösten bis die Zwiebeln schön glänzen. Mit Mehl bestäuben, kurz mitrösten und mit Weißweinessig ablöschen. Weißwein und Geflügelbrühe angießen.

Lorbeerblätter, Thymian und zerdrückten Kümmel beigeben. Die Suppe 15-20 Minuten köcheln lassen. Thymianzweig und Lorbeerblätter wieder entfernen. Mit Salz und Pfeffer abschmecken. In Suppentassen füllen und auskühlen lassen. Die Crème fraîche gleichmäßig auf die Tassen verteilen.

Blätterteig dünn ausrollen, Eigelb mit ein paar Tropfen Wasser verrühren. Blätterteig und Tassenrand mit Hilfe eines Pinsels mit dem Eigelb einstreichen.

Aus dem Blätterteig Kreise ausstechen, diese müssen mindestens 2 cm im Durchmesser größer sein als der Durchmesser der Tasse. Pro Tasse einen Blätterteigkreis auflegen und die Ränder vorsichtig an den Tassenrand drücken, diese mit verquirltem Eigelb bestreichen. Die Sesamkörner darüberstreuen und die Suppe im 220 °C (Heißluft 200 °C) heißen Backofen 10-12 Minuten backen.

Salat mit Pilzen und gehobeltem Parmesan

Verschiedene Salate der Saison (Eisbergsalat, Frisée, Lollo Rosso)
50 g Butter
100 g Champignons
100 g Shiitakepilze
50 g Austernpilze, in Streifen geschnitten
Salz
frisch gemahlener Pfeffer
1 EL gehackte Petersilie

Dressing für den Salat:
3 EL Olivenöl
1 EL Balsamessig
1 Prise Zucker
etwas Brühe oder Wasser
50 g Parmesan
frische Kerbelblätter

Salat putzen, waschen und dann, wenn möglich, mit einer Salatschleuder trocknen. Butter in einer Pfanne zerlaufen lassen. Geputzte, halbierte Champignons, Shiitakepilze und Austernpilze in mittelgroße Stücke schneiden und darin anbraten, mit Salz und Pfeffer würzen, gehackte Petersilie dazugeben. Olivenöl mit Balsamessig, Zucker, Salz und Pfeffer würzen. Je nach Schärfe etwas Brühe oder Wasser beigeben und den Salat darauf anmachen. Auf einem Teller dekorativ anrichten, die lauwarmen Pilze darauf verteilen. Parmesan fein hobeln und dann über den Salat verteilen. Mit frischem Kerbel den Teller garnieren.

Schön anrichten

Marinierte Forellen in der Folie

6 frische Forellen à 250 g

Für die Marinade:
70 g Petersilie, grob gehackt
10 g Pfefferkörner
15 g Zucker
50 g Salz
250 ml (1/4 l) Olivenöl
1 Fenchelknolle, in Streifen geschnitten
Filets von drei Limonen
3 Sternanis
30 g gehackter Ingwer
4 Dillzweige

Für 6 Personen
Forellen ausnehmen und waschen. Die Zutaten für die Marinade verrühren, die Forellen darin einlegen und abgedeckt einen Tag im Kühlschrank ziehen lassen. Danach die Forellen einzeln, jeweils mit den Zutaten aus der Marinade, in Alufolie einwickeln und etwa 15 Minuten im Ofen garen. Zwischendurch wenden.

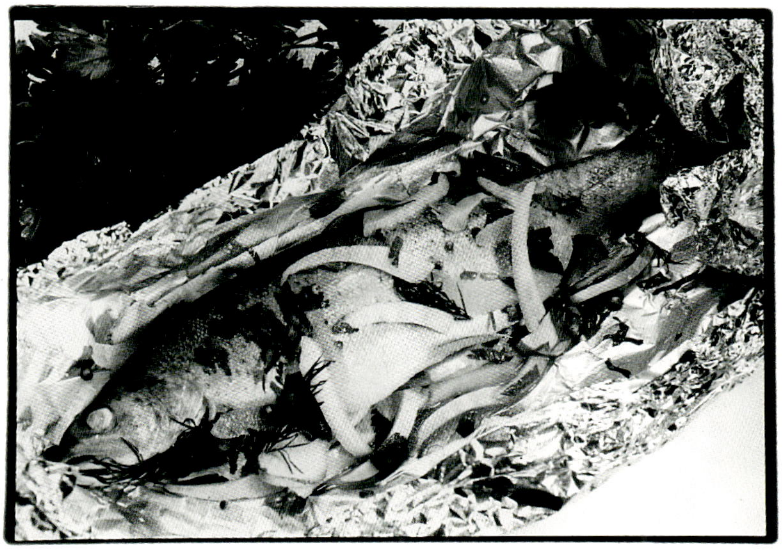

Bratwursttorte mit Sauerkraut und gerösteten Zwiebeln

Für den Teig:
300 g Weizenmehl
150 g Butter
20 g Puderzucker
30 g Salz
1 Ei
4-6 EL Wasser
Linsen
400 g abgetropftes Sauerkraut
4 Bratwurstschnecken à 120 g
100 ml Milch
200 ml Schlagsahne
2 Eigelb, 2 Eier
Salz, frisch gemahlener Pfeffer
geriebene Muskatnuß
2 große Gemüsezwiebeln

Mehl, Butter, Zucker und Salz mit den Händen zu Krümeln verreiben. Das Ei und das Wasser nach und nach zugeben und rasch verkneten. In Folie einpacken und für 1 Stunde in den Kühlschrank legen.
Den Teig ausrollen und in Pie-Formen (Tortelettformen aus Keramik) von 12 cm Durchmesser legen und blind (ohne Füllung) backen. Dazu legt man den Teig mit Alufolie aus, legt Linsen hinein und backt ihn in 12-15 Minuten fertig. Ersatzweise kann man den Teig auch in einer großen Tortenform backen. Auf den ausgekühlten Teig das Sauerkraut geben und die Bratwurstschnecken darauf legen.
Milch, Sahne, Eigelb, Eier, Salz, Pfeffer und Muskat verrühren und die Masse auf die Torte gießen. Bei etwa 200 °C (Heißluft etwa 180 °C) etwa 25 Minuten in den Backofen schieben. Die Torte ist fertig, wenn die Milch-Sahne-Eimasse gestockt ist und der Teig auf der Unterseite schön braun gebacken ist.
Die Zwiebel abziehen, in dünne Scheiben schneiden und in der Friteuse bei 180 °C goldgelb ausbacken. Zu der Torte servieren.

Maispoularde mit Tomaten-Paprika-Sauce

4 Maispoulardenbrüste à 160 g
Salz
frisch gemahlener Pfeffer
1 Prise Paprikapulver
Speiseöl
2 EL Butter
50 g Paprika, rot
50 g Paprika, grün
50 g Paprika, gelb
1 Knoblauchzehe
500 ml (½ l) Tomatensaft
20 g kalte Butter
1 Zweig Estragon

Maispoulardenbrüste mit Salz, Pfeffer und einer Prise Paprikapulver würzen. In einer Pfanne mit heißem Öl beidseitig anbraten und auf der Hautseite im Backofen bei etwa 180 °C (Heißluft 160 °C) 5-6 Minuten fertigbraten. Herausnehmen und ruhen lassen.
In der Zwischenzeit in einem Topf Butter erhitzen. Die in feine Würfel geschnittenen Paprikaschoten dazugeben. Den durch die Knoblauchpresse gedrückten Knoblauch dazugeben und mit dem Tomatensaft auffüllen. Etwas einkochen lassen. Dann die kalte Butter einrühren, mit feingeschnittenem Estragon, Salz und Pfeffer würzen. Als Beilage etwas gekochten wilden Reis in Butter und Zuckerschotengemüse.

Schweinekoteletts in der Kerbelkruste mit Steinpilznudeln

4 Schweinekoteletts à 100 g
Salz
frisch gemahlener Pfeffer
etwas Speiseöl
80 g Schalotten, klein geschnitten
100 ml Rinderbrühe
100 ml Weißwein
50 g kalte Butter

Für die Kerbelkruste:
1 EL milder Senf
3 EL Weißbrot ohne Rinde, fein gerieben
3 EL gehackter Kerbel
50 g kalte Butter, in ganz dünne Scheiben geschnitten

Für die Steinpilznudeln:
75 g Weizenmehl
35 g Hartweizengrieß
20 g getrocknete Steinpilze, in einer Moulinette zu feinem Mehl vermahlen
2 Eigelb
geriebene Muskatnuß
etwa 50 g Butter
etwas gehackte Petersilie

Die Schweinekoteletts mit Salz und Pfeffer würzen. Öl in einer Pfanne erhitzen, die Schweinekoteletts von beiden Seiten gut und langsam braten. Aus der Pfanne nehmen und zur Seite legen.
In derselben Pfanne Schalotten anbraten, mit Rinderbrühe und Weißwein auffüllen und das Ganze stark einkochen lassen. Die kalte Butter vorsichtig unterrühren und mit Salz und Pfeffer die Sauce abschmecken.
Die Schweinekoteletts gleichmäßig mit Senf bestreichen. Geriebenes Weißbrot und gehackten Kerbel mischen und darüberstreuen. Dann dünne Scheiben der festen Butter darauf legen und unter dem Backofengrill etwa 3-5 Minuten überbacken, bis die Kruste goldbraun ist.
Für die Nudeln alle Zutaten in eine Schüssel geben und mit der Küchenmaschine zu einem festen Teig kneten. In Klarsichtfolie einwickeln und für etwa eine Stunde in den Kühlschrank legen. Danach dünn ausrollen und Bandnudeln ausschneiden, am besten mit einer Nudelmaschine. Die Nudeln in Salzwasser kochen, so daß sie noch Biß haben (Kochzeit 1-2 Minuten).
Abseihen, dann Butter und Petersilie beigeben und mit Salz und Pfeffer würzen.
Als Beilage empfehle ich Ihnen dazu Brokkoliröschen und Gemüseperlen.

Eine Kruste fürs Kotelett

Gemüselasagne

1 EL Sesam- oder Erdnußöl
15 Wan Tan Blätter (je 8 x 8 cm)
Salz
250 g Zucchini
10 g mittelgroße Salbeiblätter
frisch gemahlener Pfeffer
1 Ei
4 Tomaten
1 Chilischote
1 Ei
250 g Spinat
1 Knoblauchzehe
1 Ei
geriebene Muskatnuß
150 g Shiitakepilze
1 Schalotte
1½ EL Sesamöl
1 EL Sesamkörner
1 EL Sojasauce
1 Ei

Für die Sauce:
1 große Schalotte
1½ EL Sesamöl
2 EL Sojasauce
4 EL Wasser
1 TL Zucker

Eine Kastenform (8 x 8 x 30 cm) mit dem Öl auspinseln. Wan Tan Blätter kurz in Salzwasser blanchieren und in kaltem Wasser abschrecken. Mit drei der Blätter die Form auslegen.
Zucchini waschen, der Länge nach halbieren, vierteln und in dünne Scheiben schneiden. Salbei waschen und in feine Streifen schneiden, mit den Zucchini mischen und mit Salz und Pfeffer kräftig würzen. Das Ei verquirlen und ebenfalls unter die Zucchini mischen und diese Masse nun auf die Wan Tan Blätter in der Form verteilen. Auf diese erste Schicht nun wieder drei Wan Tan Blätter legen.
Die Tomaten häuten, vierteln, entkernen und in Würfel schneiden. Die Chilischote waschen, halbieren, entkernen und sehr fein hacken. Ei verquirlen, Tomaten, Chili und Ei mischen, mit Salz würzen und als zweite Schicht in die Kastenform geben. Wiederum drei Wan Tan Blätter darauf legen.
Spinat waschen und fein hacken, Knoblauch abziehen und fein hacken, Ei verquirlen, mit Salz, Pfeffer und Muskat würzen und alles mischen. Wiederum auf die Wan Tan Blätter in die Form geben. Mit drei weiteren Blättern belegen. Shiitakepilze putzen, waschen und vierteln. Schalotte abziehen und fein schneiden. Pilze und Schalotte nun in heißen Sesamöl anbraten. Sesamkörner zugeben, mitrösten und mit Sojasauce ablöschen. Auskühlen lassen. Ei verquirlen, mit den ausgekühlten Pilzen mischen und in die Form füllen. Die Form mit den restlichen drei Wan Tan Blättern bedecken und mit Alufolie abdecken. Die Form im Wasserbad bei 160 °C (Heißluft 140 °C) für 40 Minuten in den vorgeheizten Ofen schieben. Danach stürzen und in Scheiben schneiden. Für die Sauce die Schalotte abziehen, in feine Würfel schneiden, mit den restlichen Zutaten mischen und die Lasagnescheiben damit beträufeln.

Blatt für Blatt

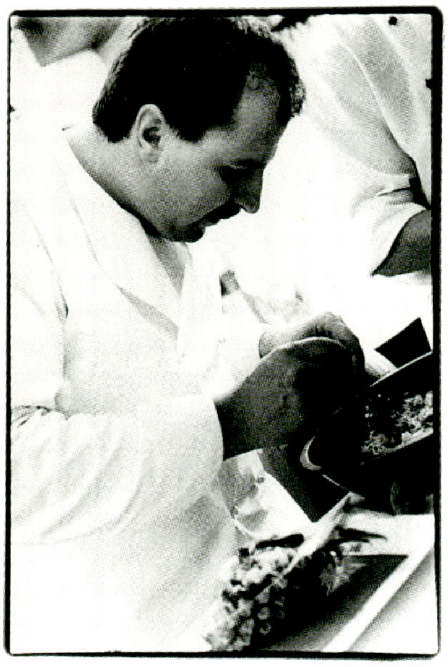

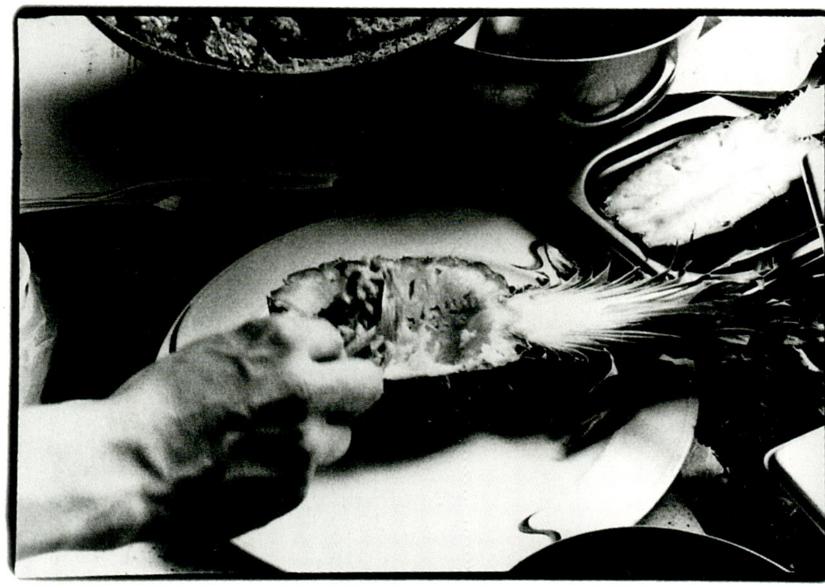

Gefülltes Gemüse

Für die gefüllten Kohlrabi:
4 Kohlrabi
1 Möhre
1 gelbe Zucchini
100 g Knollensellerie
30 g Butter
Salz
frisch gemahlener Pfeffer
etwas Kerbel

Für die gefüllte Tomaten:
250 g Knollensellerie
30 g Butter
1 Schalotte
100 ml flüssige Sahne
1 TL geschlagene Sahne
geriebene Muskatnuß
4 Tomaten
Kerbelsträußchen

Von den Kohlrabi das obere Drittel abschneiden, mit einem Löffel aushöhlen und in Salzwasser in etwa 10 Minuten gar kochen. Möhre, Zucchini und Sellerie putzen und zu kleinen Perlen, mit Hilfe eines Ausstechers ausstechen (ersatzweise kann man das Gemüse auch in Würfel schneiden). Die Gemüseperlen (oder -würfel) kurz in Salzwasser blanchieren. Danach mit etwas Butter in der Pfanne andünsten. Mit Salz und Pfeffer würzen und in die Kohlrabi füllen. Mit Kerbel garnieren.

Für die gefüllten Tomaten Sellerie waschen, schälen und in nußgroße Würfel schneiden. Butter in einem Topf erhitzen, Schalotte in feine Würfel schneiden und darin andünsten, mit flüssiger Sahne auffüllen. Die Selleriewürfel in der Flüssigkeit langsam weich kochen. Danach in einer Küchenmaschine (oder Schnellmixstab) pürieren, durch ein Sieb streichen und mit Salz, Pfeffer und Muskat würzen. Zum Schluß die geschlagene Sahne unterheben.

Die Tomaten kurz in kochendes Wasser tauchen, sofort in kaltem Wasser abschrecken und dann die Haut vorsichtig abziehen. Mit einem Messer das obere Drittel abschneiden und dann mit einem kleinen Löffel die Kerne vollständig entfernen. Das Selleriepüree hineinfüllen. Die Tomaten außen mit Salz und Pfeffer würzen. Etwas Butter in einer Pfanne erhitzen, die Tomaten hineingeben und vor dem Servieren etwa 5 Minuten in den auf etwa 200 °C (Heißluft etwa 180 °C) vorgeheizten Backofen schieben. Nach Belieben mit Kerbelsträußchen garnieren.

Gebratener Reis in der Ananas

2 Ananas
300 g Schweinefilet
1 EL Speisestärke
3 EL Sojasauce
4 EL Keimöl
200 g Shrimps
1 Zwiebel, kleingeschnitten
je 1 rote und grüne Paprika, in feine Würfel geschnitten
250 g gekochter Reis
1 TL Koriander
1 TL Currypulver
1 EL gehackte Petersilie oder Korianderblätter
2 verquirlte Eier
Salz, frisch gemahlener Pfeffer

Ananas halbieren, den Strunk herausschneiden. Das Ananasfleisch herauslösen und in kleine Würfel schneiden.
Schweinefilet zuerst in Scheiben, dann in feine Streifen schneiden.
Speisestärke und Sojasauce miteinander verrühren und die Schweinefiletstreifen etwa 3 Stunden darin marinieren.
Keimöl erhitzen und die marinierten Schweinefiletstreifen darin anbraten, Shrimps, Zwiebelwürfel, Ananaswürfel, Paprikawürfel dazugeben, mitbraten. Gekochten Reis, Koriander und Currypulver hinzufügen, gut mitrösten. Gehackte Petersilie oder Korianderblätter einstreuen. Verquirlte Eier vorsichtig einrühren und mit Salz und Pfeffer würzen, stocken lassen.
Den gebratenen Reis in den ausgehöhlten Ananashälften servieren.

Mit Mozzarella gefüllte Frikadellen

1 Brötchen
etwas Milch
250 g Hackfleisch (halb Rind-, halb Schweinefleisch)
Salz
frisch gemahlener Pfeffer
3 Eier
1 kleine Zwiebel
150 g Mozzarella
Speiseöl
500 g gekochte Kartoffeln
50 g Butter
etwas gehackte Petersilie
2 EL eingelegte, grüne Pfefferkörner
Kerbelblättchen

Das Brötchen in etwas Milch einweichen, ausdrücken. Das Hackfleisch mit Salz, Pfeffer, Eiern und dem Brötchen gut vermengen. Die Zwiebel abziehen, in Würfel schneiden. Speiseöl erhitzen, die Zwiebelwürfel darin goldgelb andünsten, zu der Hackfleischmasse geben, gut vermengen und die Masse abschmecken. Den Mozzarella in Würfel schneiden. Die Hackfleischmasse zu Bällchen formen, in die Mitte ein Stück Mozzarella geben, verschließen. Diese Bällchen in heißem Fett goldgelb von beiden Seiten anbraten, bei kleinerer Hitze fertig braten. Die Kartoffeln halbieren. Die Butter zerlassen, die Kartoffelhälften darin schwenken, mit Salz, Pfeffer würzen. Petersilie darüberstreuen. Die Hackbällchen mit den Kartoffeln anrichten, mit den Pfefferkörnern und den Kerbelblättchen bestreut servieren.

auf die andere Art

Pinot

Sekt oder Selters
Snacks und der Umgang mit Getränken

wichtigster Hinweis: das Etikett beachten

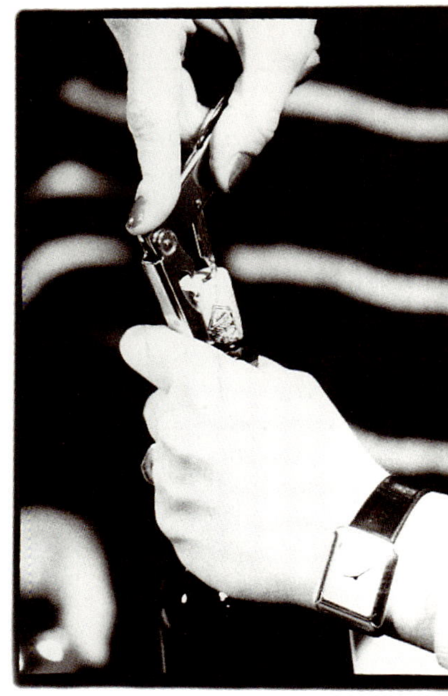

Zum Wein: **Überbackenes Bratwürstchen-Baguette**, oder: **Toast Hawai**, oder: **Gemüsedip**, oder : **Bunte Käseecken**, oder: **Käsegebäck**

Sekt oder Selters

Sabine und Petra hat es schon einige Male angenervt, daß sich Typen, die sie zum Essen eingeladen haben, als profunde Weinkenner ausgaben, sich deren Kenntnis dann aber schnell als solche Halbbildung herausstellte. Bier zu trinken sei das Letzte und zum Essen gar das Allerletzte, wurde da etwa geplappert oder, ein Pinot gris sei immer einem grauen Burgunder, was sich dann als ein und dasselbe entpuppte, oder einem Ruländer, was sich als das gleiche herausstellte, vorzuziehen. Um solchen selbsternannten Weinbeißern zukünftig ein wenig auf den Zahn fühlen zu können, lassen sie sich bei einer Weinprobe von Mathias, einem jungen Winzer, grundlegendes über Weine erklären. Dazu gibt Sylvia Lafer einige Tips, welches das zu bestimmten Gelegenheiten jeweils passende Tischgetränk ist.

was ist der zwischen und grauem

Überbackenes Bratwürstchen-Baguette

50 g Butter oder Margarine
12 Nürnberger Bratwürstchen
4 Roggenbaguette
80 g Kräuterbutter
100 g geriebenen Hartkäse z. B. Sbrinz, alter Gouda, Emmentaler oder Parmesan
frisch gemahlener weißer Pfeffer
Paprika edelsüß oder Rosenpaprika

1. Butter in einer Pfanne zerlassen, Nürnberger Bratwürstchen darin von allen Seiten in etwa 5 Minuten goldbraun braten.
2. Roggenbaguette aufschneiden, mit Kräuterbutter bestreichen, die Roggenbaguette mit je drei Würstchen belegen, die Baguettedeckel auflegen.
3. Geriebenen Hartkäse mit Paprika mischen. Die Käsemischung auf die Baguetteoberfläche streuen.
4. Die Roggenbaguette auf Alufolie legen, auf dem Rost im vorgeheizten Backofen bei 220 °C (Heißluft etwa 200 °C etwa 5 Minuten) überbacken.

Flasche und Etikett

„Um etwas über die Qualität eines Weines zu erfahren, nimmt derjenige, der sich mit Weinen nicht so gut auskennt, am besten das Etikett zu Hilfe, ein Verfahren, dem sich auch Weinkenner bedienen, wenn ihnen ein Weinbaugebiet unbekannt ist. Auch wenn man nicht weiß", fährt Mathias fort „ob die jeweilige Jahreszahl für einen guten oder schlechten Jahrgang steht und einen Namen wie Kröver Nacktarsch und Oestricher Hand den Qualitätsunterschied nur erahnen lassen, enthält das Flaschenetikett grundlegende Informationen über den Wein.

Darauf erkennt man Gebiet / Jahrgang / Lage / Rebsorte / Winzer / Qualitätsstufe / trocken oder halbtrocken. Unser deutsches Weinetikett enthält so viele Angaben, daß es etwas verwirrend ist. So teilen sich viele Lagen mehrere Winzer, also muß man sich schon auf den guten Ruf des Winzers und den hohen Qualitätsstandard der besten deutschen Lagen verlassen können. Zu den Qualitätsstufen: Außer den Tafelweinen und den Weinen bestimmter Anbaugebiete (Q.b.A.) ist die 3. Qualitätsstufe die der Qualitätsweine mit Prädikat. Die Prädikate beginnen mit Kabinett, dann Spätlese, Auslese, Beerenauslese, Trockenbeerenauslese und Eiswein. Wobei alle Prädikate trocken, halbtrocken oder lieblich ausgebaut werden können. Die Bestimmungen sind bei den Prädikatsweinen strenger. So darf hier keine Anreicherung (=Chaptalisation) stattfinden. Anreicherung ist das Versetzen des Traubenmostes vor der Gärung mit Zucker und zwar nicht zum Süßen, sondern um den Alkoholgehalt zu erhöhen, da der vorhandene Fruchtzucker sich mit der Zuckerzugabe, während des Gärvorgangs zu Alkohol + CO_2 spaltet. Also eine durchaus natürliche Sache und kein unerlaubtes Panschen. Dem Kenner verrät bereits die Flaschenform einiges über Art, Herkunft und auch Qualität des jeweiligen Weines" erzählt Mathias. „Aber wichtiger als die Unterscheidung in Schlegelflasche oder Bocksbeutel, in Bordeauxflasche oder Fiasco ist für den Laien die Lagerung der Flaschen. Alle Flaschen sollten gelegt werden, damit zwischen Kork und Wein kein Luftzwischenraum besteht. Nur ein feuchter Kork schließt dicht und

Unterschied Pinot gris Burgunder?

Prost, Skol, Salut!

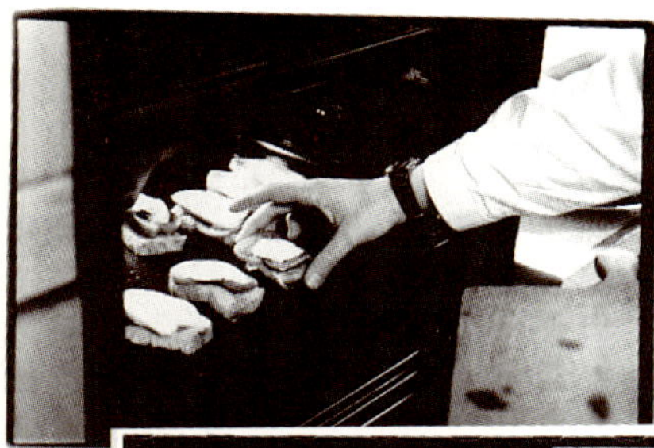

gewährleistet, daß der Wein nicht umschlägt. Als einzige Ausnahme dürfen Süd- und Dessertweine, also z.B. Sherry, Portwein oder Madeira, stehend gelagert werden. Wer einen gut gelüfteten Keller mit Temperaturen um die 10 °C hat, hat damit auch einen optimalen Lagerort für Wein."

Blume und Bukett

Nach diesen allgemeinen Hinweisen, denken Sabine und Petra, könnte er jetzt ja mal ein paar Flaschen aufziehen und der Etikette-Theorie die Praxis des Trinkens folgen lassen. Aber Mathias hat noch ein paar wichtige Dinge auf dem Herzen: „Man muß es keineswegs übertreiben wie die absoluten Weinfreunde, aber auf ein paar Sachen sollte man vor dem Trinken des Weines schon achten. Bei der Temperatur zum Beispiel habe ich schon die abenteuerlichsten Dinge erlebt. Da wurde der Weißwein flaschenweise im Eisschrank gelagert oder der Rotwein zum Chambrieren auf die Heizung und ins Wasserbad gestellt. Weißwein entfaltet aber seine Blume und sein Bukett am ehesten bei Kellertemperatur, also ungefähr bei 10 bis 12 °C. Und das Chambrieren von Rotwein bedeutet, daß er langsam, über mehrere Stunden auf Zimmertemperatur gebracht wird, worunter übrigens um die 18 °C verstanden werden. Damit der Wein nicht mit der Metall- oder Kunststoffkapsel in Berührung kommt, sollte man diese vor dem Öffnen der Flasche an der Wölbung entfernen und diese nicht mit dem Korkenzieher durchstoßen. Rotweinflaschen öffnet und serviert man übrigens schräg, damit der Weinstein nicht mit ins Glas geschüttet wird. Bei der Wahl der Weingläser gibt es eigentlich nur zwei wichtige Grundsätze:

Erstens sollte das Glas farblos und durchsichtig sein, damit die Farbe des Weines nicht verfälscht wird. Zum zweiten sollte ein Weinglas bauchig sein und sich nach oben verjüngen, damit sich die Blume, also die Duftstoffe des Weines, entfalten kann. Auch schmeckt der Wein aus dünnem Glas besser.

die Kapsel mit dem Korkenzieher nicht durchstoßen

Toast Hawaii

4 Scheiben Toastbrot
4 TL Butter
2 TL mittelscharfer Senf
4 Scheiben gekochter Schinken
4 Scheiben Ananas, aus der Dose
4 Scheiben mittelalter Gouda
frisch gemahlener Pfeffer

1. Den Grill vorheizen oder den Backofen auf etwa 220 °C (Heißluft etwa 200 °C) vorheizen.
2. Die Toastscheiben auf einer Seite toasten, auf der ungetoasteten Seite zuerst mit Butter, dann mit Senf bestreichen.
3. Je eine Schinkenscheibe auf den Senf legen, je eine Scheibe Ananas darauf legen, mit je einer Scheibe Käse bedecken.
4. Die Toastbrote im Backofen oder unter dem Grill etwa 4 Minuten überbacken. Mit Pfeffer bestreuen und sofort servieren.

Wein ist kein Durstlöscher

Alleingang oder Bankett

Nun herrscht für Sabine und Petra nur noch darüber Unklarheit, welchen Wein beziehungsweise welches Getränk man zu welchem Gericht serviert.

„Man muß“, erklärt Sylvia Lafer „zunächst einmal klären, worauf es einem ankommt. Will man einfach einen oder mehrere gute Weine genießen, dann reicht man wie hier bei der Weinprobe kleine Snacks. Sucht man allerdings ein passendes Getränk zum Essen, dann gilt zunächst einmal, daß Wein kein Durstlöscher ist. Dafür eignen sich andere Getränke, zum Beispiel Mineralwasser, Bier oder Apfelwein, sehr viel besser.

Gemüsedip

1. Das Gemüse, z.B. Möhren, Sellerie, Paprika, Fenchel, Artischocken, Frühlingszwiebeln, frischer Knoblauch, Blumenkohl, Radieschen, waschen, putzen, in Streifen schneiden.
2. Reichlich Olivenöl, etwas Salz und Pfeffer in ein Schälchen geben und das in Streifen geschnittene Gemüse in die Sauce tunken.

Gemüse je nach Jahreszeit
Olivenöl
Salz, frisch gemahlener Pfeffer

Bei nur einem Gang und kürzeren Mahlzeiten bleibt man bei einer Weinsorte oder man trinkt, je nach Anlaß, Sekt beziehungsweise Champagner dazu. Will man zu einem Festmahl mehrere Weine reichen, dann gilt grundsätzlich, daß man mit leichten, weniger Alkohol enthaltenden Weinen beginnt und dann mit schwereren Weinen fortfährt. Will man weiße und rote Weine servieren, beginnt man mit den Weißweinen."

Ganz allgemein kann man sagen, daß sich für leichte Speisen leichte Weine und für schwere Speisen schwere Weine eignen. Mit der alten Regel weißer Wein zu weißem Fleisch und roter Wein zu rotem Fleisch macht man grundsätzlich nichts falsch, wichtiger noch ist aber die Sauce zum Gericht. Zum Beispiel kann man zu einem gebratenen Fisch in Rotweinbutter durchaus einen leichten Rotwein trinken, da die Röststoffe vom Braten dem Gerbstoffgeschmack des Weines ähneln. Zur Suppe und zum Dessert serviert man normalerweise kein Getränk. Für Digestifs, den „Geistern" zum Café/Espresso gilt auch, daß die vielzitierte Zimmertemperatur auf keinen Fall mehr als 18 °C betragen darf.

...zum Wohl und guten Appetit...

Bunte Käseecken

100 g Butter
300 g Doppelrahm-Frischkäse
3 EL Sahne
Salz
frisch gemahlener Pfeffer
2-3 EL gemischte, gehackte Kräuter
1-2 EL Tomatenmark
Paprika edelsüß
12 Scheiben Schwarzbrot

1. Butter geschmeidig rühren, mit Doppelrahm-Frischkäse und Sahne verrühren, mit Salz, Pfeffer würzen.
2. Unter ein Drittel der Käsecreme gemischte, gehackte Kräuter rühren.
3. Unter die Hälfte der restlichen Creme Tomatenmark rühren, mit Paprika abschmecken.
4. Die restliche Creme nochmals mit Salz, Pfeffer abschmecken.
5. Schwarzbrot so mit Creme bestreichen und zusammensetzen, daß jeweils 1 grüne, 1 rote, 1 weiße Schicht entsteht.
6. Die Schwarzbrotschnitten beschweren, kalt stellen, am besten über Nacht, in Ecken schneiden.

guter Sekt muß prickeln

Käsegebäck

1. Mehl mit Backpulver mischen, in eine Rührschüssel sieben. Speisequark, Salz, weiche Butter hinzufügen. Die Zutaten mit einem Handrührgerät zunächst auf niedrigster, dann auf höchster Stufe gut durchkneten. Auf der Tischplatte zu einem glatten Teig kneten.
2. Den Teig etwa ½ cm dick ausrollen, mehrfach übereinanderschlagen, wieder ausrollen. Das Ganze zweimal wiederholen, Teig über Nacht kalt stellen.
3. Den Teig knapp ½ cm dick ausrollen, Vierecke ausrädern, mit Kondensmilch bestreichen, mit Salz, geriebenem Käse, Kümmel, Pfeffer bestreuen, auf ein mit kaltem Wasser abgespültes Backblech legen. Im vorgeheizten Backofen bei 200-220°C etwa 10 Minuten backen.

250 g Weizenmehl
2 gestrichene TL Backpulver
250 g Speisequark
Salz
250 g weiche Butter
Kondensmilch
geriebener Parmesan- oder Schweizer Käse
Kümmel
grob gemahlener grüner oder roter Pfeffer

Klein und lecker

Schinkenkipferl

1 EL Butter
1 abgezogene Schalotte, feingeschnitten
200 g Kochschinken, in kleine Würfel geschnitten
1 TL Weizenmehl
200 ml Schlagsahne
Salz
frisch gemahlener Pfeffer
geriebene Muskatnuß
1 EL gehackte Petersilie
300 g Blätterteig (tiefgekühlt)
2 Eigelb
2 EL Milch
1 EL Sesamsamen

Butter in einer Pfanne erhitzen, Schalottenwürfel darin andünsten, Schinkenwürfel mitdünsten. Mehl darüberstreuen und gut mitrösten. Sahne darübergießen, alles gut glattrühren und einkochen lassen. Es muß ein dicker Brei entstehen. Mit Salz, Pfeffer und Muskat abschmecken und die gehackte Petersilie unterheben.
Auskühlen lassen. Blätterteig auftauen lassen, die Platten übereinanderlegen, etwa 3 mm dick ausrollen und Quadrate von etwa 10 x 10 cm schneiden, halbieren, so daß Dreiecke entstehen. Eigelb und Milch verquirlen, Rand damit bestreichen. Ein kleines Häufchen der Schinkenfüllung darauf setzen und zu einem Kipferl oder Hörnchen zusammenrollen. Mit der Eigelb-Milch-Mischung einpinseln und mit Sesam bestreuen.
Bei ca. 200 °C (Heißluft etwa 180 °C) 10-12 Minuten goldbraun backen.

Pepitas

400 g Blätterteig (tiefgekühlt)
2 Eigelb
50 g geriebener Gruyère Käse
200 g Ziegenkäse
1 EL Petersilie
1 EL Schnittlauchröllchen
2 abgezogene, feingewürfelte Schalotten
1 feingehackte Knoblauchzehe
2 Eigelb
Salz
frisch gemahlener Pfeffer

Blätterteig antauen lassen, die Platten nebeneinanderlegen, 2-3 mm dünn ausrollen, mit verquirltem Eigelb bestreichen. Gruyère Käse, Ziegenkäse mit Petersilie, Schnittlauchröllchen, Schalotten- und Knoblauchwürfeln und Eigelb vermengen, mit Salz und Pfeffer abschmecken. Den Blätterteig in zwei gleich große Stücke schneiden und auf der einen Hälfte die Käsemasse gleichmäßig verteilen. Die andere Blätterteighälfte auf die Käsemasse legen. Gleichmäßig Dreiecke ausschneiden und erneut mit Eigelb bestreichen. Bei etwa 200 °C (Heißluft etwa 180 °C) für 10-15 Minuten in den vorgeheizten Backofen schieben und anschließend heiß servieren.

Kleine Hackfleischbällchen auf Pumpernickel

250 g Tatarfleisch (gutes Rindfleisch)
50 g Zwiebeln, abgezogen, in feine Würfel geschnitten
3 Eigelb
frisch gemahlener Pfeffer
1 TL Paprika, edelsüß
1 EL Tomaten-Ketchup
1 EL gehackte Petersilie
Salz
etwas Butterschmalz zum Braten
Pumpernickelscheiben
Butter zum Bestreichen
Feldsalatblätter, gewaschen, geputzt
kleine Gewürzgurken
etwas frischen Kerbel

Rindfleisch, ohne Sehnen und Häute, bereits beim Metzger durch die feine Scheibe des Fleischwolfs drehen lassen. Zwiebelwürfel kurz in heißem Wasser abschrecken, um ihnen die Schärfe zu nehmen. Mit Eigelb, Pfeffer, Paprikapulver, Tomaten-Ketchup, Petersilie und Salz zum Tatarfleisch geben, glattrühren und abschmecken.
Daraus kleine Hackfleischbällchen formen und in heißem Butterschmalz von beiden Seiten gut braten.
Pumpernickelscheiben mit Butter bestreichen. Ein paar Feldsalatblätter darauf legen und Hackfleischbällchen obenauf setzen. Aus den Gewürzgürkchen Fächer schneiden und darauf setzen. Auf einem Teller mit etwas angemachtem Feldsalat und Tomatenecken servieren.

Quiche Lorraine

Form,
Durchmesser 30 cm,
ausgebuttert

Für den Teig:
250 g gesiebtes Weizenmehl
125 g Butter
1 Eigelb
5 g Salz
50 ml Wasser

Für die Einlage:
100 g geräucherter Bauchspeck, in Würfel geschnitten
etwas Butter
250 g Zwiebeln, klein gewürfelt
2 Stangen Lauch, nur das Weiße, in Streifen geschnitten
Salz
frisch gemahlener Pfeffer

Für den Eierguß:
2 Eier
2 Eigelb
250 ml (¼ l) Schlagsahne
250 ml (¼ l) Milch
geriebene Muskatnuß
2 EL geriebener Allgäuer Bergkäse oder Gruyère

Die Zutaten für den Teig in eine Schüssel geben, gut durchkneten, bis der Teig glatt ist. Im Kühlschrank 1½ Stunden, in Klarsichtfolie gewickelt, ruhen lassen. Danach dünn ausrollen, die Form, 30 cm, damit auslegen.
Speckwürfel mit etwas Butter in einer Pfanne glasig braten, Zwiebelwürfel und Lauchstreifen dazu geben, andünsten. Mit Salz und Pfeffer würzen, zur Seite stellen, leicht abkühlen lassen und dann auf den ausgerollten Teig geben.
Alle Zutaten für den Eierguß, bis auf den Bergkäse, in eine Schüssel geben, gut verquirlen. Auf den Kuchen gießen und den geriebenen Bergkäse darüberstreuen. Im Ofen bei 230 °C (Heißluft etwa 200 °C) etwa 10 Minuten backen, danach bei etwa 180 °C (Heißluft etwa 160 °C) in etwa 15 Minuten fertig backen.
Als Beilage empfehle ich Ihnen einen schönen angemachten Salat.

Sesambrot mit Kalbsleberwurst

4 Scheiben Weißbrot
2 Eier
20 g schwarze und weiße Sesamsamen
etwas Speiseöl
1 Kopf Lollo Rosso
160 g Kalbsleberwurst, fein, zimmerwarm
½ Bund Kerbel

Weißbrot mit einem Ausstecher rund ausstechen. Danach in das verquirlte Ei tauchen und in Sesam wälzen.
Öl in einer Pfanne erhitzen und die panierten Brotscheiben darin goldgelb ausbacken.
Mit etwas Lollo Rosso belegen.
Danach mit Hilfe eines Spritzbeutels die Kalbsleberwurst darauf spritzen.
Mit etwas Kerbel garnieren.

Gefüllte Käsebrandteigkrapfen

125 ml (1/8 l) Wasser
125 ml (1/8 l) Milch
50 g Butter
1 Prise Salz
90 g Weizenmehl
75 g geriebener Käse
2 Eier

Für die Füllung:
1 Paket (200 g) Doppelrahm-Frischkäse
etwas Zitronensaft
2 EL Sahnequark
50 g gekochter Schinken, in kleine Würfel geschnitten
3 EL gehackte Petersilie
Salz
frisch gemahlener Pfeffer
Kerbelzweige
Lollo Rosso

Wasser, Milch, Butter und Salz aufkochen. Mehl sieben, auf einmal in die von der Kochstelle genommene Flüssigkeit schütten, zu einem glatten Kloß rühren. Unter Rühren etwa 1 Minute erhitzen (abbrennen), den heißen Kloß sofort in eine Schüssel geben, nach und nach Käse und Eier hinzufügen und mit den Knethaken des Handrührgerätes auf höchster Stufe unterarbeiten.
Die leicht abgekühlte Masse in einen Spritzbeutel mit Lochtülle füllen und auf ein mit Pergamentpapier ausgelegtes Blech kleine Häufchen spritzen. Im Backofen bei 180 °C (Heißluft 160 °C) etwa 15 Minuten backen. Auskühlen lassen, durchschneiden und zur Seite legen.
Doppelrahmfrischkäse mit Zitronensaft und Quark gut verrühren. Schinkenwürfel, gehackte Petersilie, Salz, Pfeffer unterheben und damit die Krapfen, mit Hilfe eines Spritzbeutels mit kleiner Lochtülle, füllen.
Mit Kerbel und Lollo Rosso dekorieren.

Frühlingsrolle mit Gemüse und Schweinefilet

Für den Frühlingsrollenteig:
300 g Weizenmehl
150 ml Wasser
Salz

Für die Füllung:
200 g Schweinefilet, zuerst in dünne Scheiben, dann in feine Streifen geschnitten
1 EL Sojasauce
1 EL Sesamöl
1 TL Currypulver
Salz
Ingwer, frisch oder gemahlen
60 g Lauchstreifen
60 g Sojakeimlinge
60 g Paprikastreifen
Speiseöl zum Braten

Für die Gurkensauce:
2 kleine Knoblauchzehen
200 g Joghurt
Saft von 1 Limone
150 g Gurkenwürfel von Salatgurken
frisch gemahlener Pfeffer
Paprikapulver, edelsüß
2 Eigelb zum Bestreichen
250-500 ml (1/4-1/2 l) Speiseöl zum Ausbacken

Alle Zutaten für den Teig zu einem glatten Teig verarbeiten, in Folie wickeln und eine Stunde ruhen lassen. In der Zwischenzeit die Füllung und die Gurkensauce zubereiten.
Die Schweinefiletstreifen mit Sojasauce, Sesamöl, Curry, Salz und Ingwer gut marinieren. Etwas Öl in einer Pfanne erhitzen und die Schweinefiletstreifen darin kroß anbraten (pfannenrühren) und wieder aus der Pfanne nehmen. Erneut Öl in die Pfanne geben und nacheinander Lauch, Sojakeimlinge und Paprika darin anbraten. Gemüse nun mit den Schweinefiletstreifen mischen und auskühlen lassen.
Für die Gurkensauce Knoblauchzehen abziehen, im Mörser mit etwas Salz zerreiben und mit Joghurt, Limonensaft und Gurkenwürfeln mischen. Mit Salz, Pfeffer und Paprika abschmecken.
Den Frühlingsrollenteig nun auf der kleinsten Stufe der Nudelmaschine ausrollen und 15 Minuten trocknen lassen. Danach in etwa DIN-A5 große Rechtecke schneiden, jeweils mit etwa 2 Eßlöffeln der Füllung bestreichen und der Länge nach zu kleinen Röllchen drehen. Dabei die Ränder mit Eigelb bestreichen, seitlich einschlagen und dann aufrollen (die Ränder werden eingeschlagen, damit die Füllung nicht austritt). Die Rollen nun in heißem Öl schwimmend 3-5 Minuten goldgelb ausbacken.

Kleine Frühlingsrolle mit Gemüsespaghetti in Minzvinaigrette

Für die Minzvinaigrette:
1 mittelgroße, rote Zwiebel
2 Knoblauchzehen
10 Blätter Pfefferminze
8 EL Olivenöl, extra vergine
3 EL Weißweinessig
Salz, Pfeffer, Zucker

Für die Füllung:
50 g Lauch, 50 g Sellerie,
50 g Möhren
50 g Gurken mit Schale
50 g Sojakeimlinge
50 g Mangold
50 g weißer Spargel
50 g grüner Spargel
3 Blätter Pfefferminze
1 kleine Knoblauchzehe
2 EL Sesamöl
1 TL geriebener Meerrettich
2 EL helle Sojasauce
1 TL 5-Gewürzemischung

Für die Frühlingsrollen
4 Frühlingsrollen-Teigplatten
1 Eigelb zum Bestreichen
250-500 ml (1/4-1/2 l)
Speiseöl zum Ausbacken

Zwiebel abziehen und in feine Würfel schneiden. Knoblauch abziehen und hacken. Minze in feine Streifen schneiden. Alle Zutaten für die Vinaigrette mischen und mit Salz und Pfeffer und Zucker abschmecken. Lauch waschen, Sellerie und Möhre schälen und alles in feine Streifen schneiden. Gurke waschen, halbieren, entkernen, in feine Streifen schneiden. Sojakeimlinge von Wurzel und Blütenansatz befreien. Mangold waschen und in Streifen schneiden. Weißen Spargel ganz, grünen Spargel nur an den Enden schälen und beides ebenfalls in Streifen schneiden. Die Minze in feine Streifen schneiden. Knoblauch abziehen und hacken.
Sesamöl erhitzen, Knoblauch und Gemüse beigeben und knackig anbraten. Minze und Meerrettich einstreuen und mit Sojasauce, 5-Gewürzemischung, Salz und Pfeffer abschmecken. Die Teigplatten mit Eigelb bepinseln, mit Gemüse füllen und zu-sammenrollen. Dabei die Ränder einschlagen, damit keine Füllung austritt. Rollen in heißem Öl goldgelb ausbacken, auf Küchenkrepp abtropfen und mit der Vinaigrette servieren.

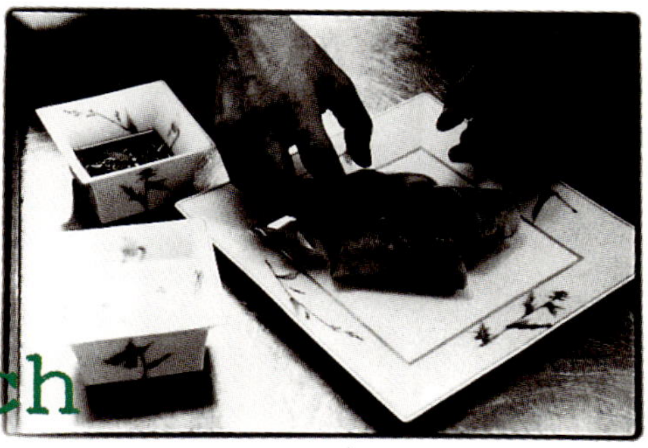

Chinesisch

Frühlingsrolle mit Ratatouille

1 Aubergine, 1 Zucchini
1 kleine Zwiebel
1 rote Paprikaschote
1 gelbe Paprikaschote
4 EL Olivenöl
2 Knoblauchzehen
200 ml Tomatensaft
2 Tomaten
1/2 Bund Basilikum
Salz
frisch gemahlener Pfeffer

Für die Frühlingsrollen:
4 Frühlingsrollenblätter
1 Eigelb zum Bestreichen
250-500 ml (1/4-1/2 l)
Speiseöl zum Ausbacken

Aubergine, Zucchini, Zwiebel und Paprikaschoten putzen, bzw. schälen, waschen und in feine Würfel schneiden. Olivenöl in einer Pfanne erhitzen und die Gemüse nacheinander darin anbraten. Knoblauchzehen abziehen, zerdrücken und kurz mitandünsten. Nun mit Tomatensaft auffüllen und kräftig einkochen lassen. Währenddessen die Tomaten mit kochendem Wasser überbrühen, häuten, entkernen und in Würfel schneiden. Basilikum hacken.
Die Tomatenwürfel und Basilikum unterrühren, mit Salz und Pfeffer abschmecken und auskühlen lassen. Die Teigblätter ausbreiten, Ratatouille darauf verteilen, die Ränder mit Eigelb bestreichen und der Länge nach zusammenrollen. Die Ränder rechts und links dabei einschlagen, damit die Füllung rundherum von Teig umhüllt ist und nicht austreten kann.
Die Rollen nun in heißem Öl ausbacken, auf Küchenkrepp abtropfen lassen und servieren.

Katerkiller

Oliven und Sardellen im Bierteig

Für den Bierteig:
200 ml Milch
100 ml Bier
1 EL Speiseöl
2 Eigelb
80 g Weizenmehl
2 Eiweiß
Fritierfett
1 Glas (50 g) Sardellen
1 Glas (200 g) Oliven
etwas Weizenmehl

Für den Bierteig Milch, Bier, Öl, Eigelb und gesiebtes Weizenmehl zu einem glatten Teig verarbeiten. Eiweiß steif schlagen und vorsichtig unter die Masse heben.
Einen Topf mit Fritierfett auf 160 °C erhitzen.
Nun Sardellen und Oliven in etwas Mehl wenden, in den Backteig tauchen, in heißem Fett goldgelb ausbacken und heiß servieren.

Süß-scharfe Hähnchenflügel

600 g Hähnchenflügel
etwas Senfpulver
Salz
frisch gemahlener Pfeffer
6 EL Speiseöl für die Pfanne
2 Zwiebeln, abgezogen in Streifen geschnitten
3 Knoblauchzehen, gehackt
1 EL Honig
1 Thymianzweig
1 Rosmarinzweig
3 EL Essig
100 ml Tomaten-Ketchup
200 ml Hühnerbrühe
200 ml Tomatensaft aus dem Glas oder aus der Tüte
Cayennepfeffer

Die Hähnchenflügel mit Senfpulver, Salz und Pfeffer würzen. Öl in einer großen Pfanne erhitzen und die gewürzten Hähnchenflügel von allen Seiten darin anbraten, aus der Pfanne nehmen. In dem verbliebenen Fett Zwiebelstreifen und Knoblauch anbraten. Wenn diese goldgelb sind, den Honig, Thymianzweig, Rosmarinzweig dazugeben und mit Essig ablöschen. Tomatenketchup, Hühnerbrühe und Tomatensaft hinzufügen. Die Hähnchenflügel hineinlegen, den Topf mit einem Deckel verschließen und bei schwacher Hitze die Hähnchenflügel in etwa 20 Minuten weich dünsten. Wenn sie weich gekocht sind, herausnehmen und warm stellen. Die Sauce dann durch ein feines Sieb passieren.
Wieder in die Pfanne geben, mit Salz und Cayennepfeffer herzhaft würzen. Die Hähnchenflügel in die Pfanne mit der Sauce geben und dann nochmals ohne Deckel für etwa 5 Minuten bei etwa 250 °C (Heißluft etwa 220 °C) in den vorgeheizten Backofen schieben.

Winzerhackbällchen mit Wachtelspiegeleiern und Pumpernickel

250 g Tatar
50 g abgezogene Zwiebel, in feine Würfel geschnitten (kurz im kochenden Wasser blanchieren)
3 Eier
frisch gemahlener Pfeffer
1 TL Paprika, edelsüß
1 EL gehackte Petersilie
Salz
Butterschmalz
Pumpernickel
8 Wachteleier
Kerbelblättchen

Tatar in eine Schüssel geben, blanchierte Zwiebelwürfel, Eier, Pfeffer, Paprika, Petersilie und Salz zum Tatarfleisch geben, glattrühren und abschmecken. Daraus kleine Bällchen formen und in heißem Butterschmalz von beiden Seiten gut braten. Wachteleier als Spiegelei braten. Das Winzerbällchen auf eine Scheibe gebutterten Pumpernickel legen und darauf das ausgestochene Wachtelspiegelei geben.
Mit Kerbel garnieren.

Käsewindbeutel

250 ml (1/4 l) Wasser
250 ml (1/4 l) Milch
Salz
125 g Butter
300 g Weizenmehl
150 g geriebener Emmentaler
2 Eier
2 Eigelb

Wasser, Milch, Salz und Butter am besten in einem Stieltopf zum Kochen bringen. Mehl sieben, auf einmal in die von der Kochstelle genommene Flüssigkeit schütten. Zu einem glatten Kloß rühren. Unter Rühren etwa 1 Minute erhitzen, den heißen Kloß sofort in eine Schüssel geben, nach und nach den Käse, die Eier und das Eigelb dazugeben und mit den Knethaken des Handrührgerätes glattrühren. Die Masse in einen Spritzbeutel füllen und mit einer Sterntülle kleine Windbeutel auf ein Blech mit Pergamentpapier spritzen.
Die Windbeutel in dem auf etwa 200 °C (Heißluft etwa 180 °C) vorgeheizten Backofen etwa 15 Minuten goldgelb backen.

warum werden Zwiebeln geschnitten und nicht gehackt?

▲ **Zwiebeln schneiden und schälen**
Wird die Zwiebel kurz vor dem Schälen in lauwarmem Wasser eingeweicht, läßt sich die Schale leichter abziehen und die Reizwirkung auf die Tränendrüsen ist geringer.

Nachdem sie geschält und die Wurzel abgeschnitten wurde, wird die Zwiebel längs halbiert. In Faserrichtung werden dünne Scheiben so eingeschnitten, daß sie nur noch an der Spitze zusammenhängen.

Wie unser Foto zeigt, wird danach die Zwiebel parallel zum Brett geschnitten.
Nun wird die Zwiebelhälfte gedreht und beim Schneiden gegen die Faserrichtung zerfällt die Zwiebel in feine Würfel.

Speck schneiden

schwarze Zwiebeln für die Farbe

▲ **Speck schneiden**
Angefrorenes Fleisch läßt sich sehr viel einfacher in dünne Scheiben oder feine Würfel schneiden.
Deshalb empfiehlt es sich auch, Speck vor dem in Würfel schneiden, kurz anzufrieren.

▲ **Gebräunte Zwiebel**
Zwiebel mit Schale halbieren, mit der Schnittfläche nach unten in einer Pfanne ohne Fett bräunen (ersatzweise Herdplatte). Dies bewirkt, daß dadurch die Brühe eine leichte, hellbraune Farbe bekommt und durch das langsame Köcheln der dezente, feine gebräunte Zwiebelgeschmack von der Suppe aufgenommen werden kann.

Profi Tips von Johann Lafer

▼ Wie mache ich was
Wie schneidet man Speck und Zwiebeln? Was ist eine Julienne? Wie kann das Rutschen der Schneidunterlage verhindert werden? Einige unserer Tips und Tricks können beim Kochen sehr hilfreich sein.

Gemüse schneiden leicht gemacht

▲ Tournieren – Die hohe Schule des Kochens
Mit einem speziellen Tourniermesser werden Kartoffeln, Gemüse oder Früchte in eine gleichmäßige Form gebracht.

was tun, wenn Eigelb gerinnt?

Einkaufen

▲ Eine rutschfeste Unterlage
Beim Schneiden vieler Zutaten ist eine feste Arbeitsunterlage wichtige Vorraussetzung. Ein Schneidbrett haftet rutschfest auf der Arbeitsplatte, wenn man ein feuchtes Tuch oder feuchtes Küchenpapier unterlegt.

▲ Einkaufen ist Vertrauenssache
Wird beim Einkauf auf die größtmögliche Qualität der Zutaten geachtet, ist ein wichtiger Schritt auf dem Weg zum Kocherfolg getan. Für den Kauf von frischen Lebensmitteln ist deshalb der Aufbau eines Vertrauensverhältnisses zum jeweiligen Händler empfehlenswert.

ein gutes Messer muß man besitzen

frischer Pfeffer

▲ Ein gutes Messer
Zu den wichtigsten Werkzeugen in der Küche zählen scharfe Messer verschiedener Größe.

▲ Frische Gewürze
Schmackhafter und gehaltvoller als in der getrockneten Variante, sind Gewürze, die frisch gemahlen oder zerstoßen werden.

Lauch schneiden

▼ Lauch schneiden
Lauchstangen werden zum Waschen der Länge nach aufgeschnitten und unter fließendem Wasser von eingewachsener Erde und Sand befreit.

Schmelzen im Wasserbad

▲ Wasserbad
Schokolade oder Eigelb für Cremes erwärmt man über dem Wasserbad, weil die Hitze einer Kochstelle zu direkt ist. Der kleine Topf nimmt das Schmelzgut auf und im größeren wird das Wasser erhitzt. Allerdings, auch beim Wasserbad kann es zum gefürchteten Gerinnen (Rühreieffekt) kommen, wenn es zu heiß wird (kocht).

▲ Kräuter schneiden
Einige Kräuter, wie z.B. Schnittlauch, Basilikum oder Kresse, lassen sich besser mit der Küchenschere als mit dem Messer schneiden.
Kräuter wie Petersilie oder Dill können gehackt werden, allerdings nicht zu fein, da sie sonst ihren typischen Eigengeschmack verlieren.

◀ Julienne
In feinste Streifen geschnittenes Gemüse oder Fleisch nennt man Julienne. Wer keine Küchenmaschine mit Raspeleinrichtung hat, dem gelingt dies auch mit einem scharfen, spitzen Messer. Hilfreich ist es außerdem, wenn zuvor mit der Brotmaschine gleich dünne Scheiben geschnitten werden.

was tun, wenn das Messer stumpf ist ?

Messer wetzen

▲ Messer schärfen
Weil auch das schärfste Messer beim Gebrauch stumpf wird, darf ein guter Wetzstahl nicht fehlen. Die Klinge wird in gleichmäßigen Strichen rechts und links am Stahl vorbeigezogen. Dabei wird sie auf der einen Seite fast anliegend und auf der anderen etwas steiler geführt.

Vorsicht beim Eigelb trennen

Flaschen öffnen

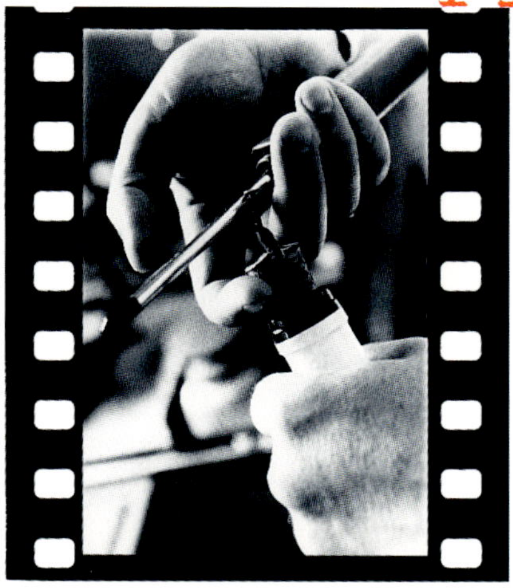

◀ Metall- oder Kunststoffkapseln entfernen
Damit der Wein nicht mit der Metall- oder Kunststoffkapsel in Berührung kommt, sollte man diese vor dem Öffnen der Flasche an der Wölbung vollständig entfernen und diese nicht mit dem Korkenzieher durchstoßen.

Das Stocken verhindern

▶ Stocken von Eigelb verhindern
Bei Eigelb zum Beispiel muß man darauf achten, daß es unter Wärmezufuhr nicht stockt. Unter Zugabe von etwas Wasser kann man dem vorbeugen.

▶ Eigelb und Eiweiß trennen
Eiweiß läßt sich nur dann zu steifem Eischnee schlagen, wenn es vorher vom Eigelb getrennt wurde.

Eiweiß/Eigelb trennen

Stichworte

A

Anbraten ... 91
Artischocken ... 42
Ascorbinsäure ... 28
Auslese ... 135
Ausquellen ... 44
Ausstattung ... 6

B

Backen ... 44
Beerenauslese ... 135
Blattsalate ... 27
Braten ... 44
Bratensatz ... 92

C

Chambrieren ... 136
Chaptalisation ... 135
Crôutons ... 107

D

Dämpfen ... 42
Dessertwein ... 136
Digestif ... 138
Dünsten ... 42

E

Eigelb ... 76
Einkauf ... 118, 150
Eis ... 29
Eischnee ... 76
Eiswein ... 135
Eiweiß/Eigelb trennen ... 153
Entenbrust braten ... 91
Etikett ... 135

F

Fisch ... 56, 94
Fischfond ... 108
Flambieren ... 29
Fleischfond ... 108

G

Gärung ... 135
Garzeiten ... 11
Geflügelfleisch ... 92
Gemüse ... 42
Gewürze ... 150
Goldbarsch ... 92
Grauer Burgunder ... 134
Grieß ... 44

H

Halbtrocken ... 135
Hirse ... 44

I

Improvisation ... 7

J

Jahrgang ... 135
Julienne ... 149

K

Kabinett ... 135
Kartoffeln ... 14
Klären von Brühe ... 54
Knödel ... 56
Kräuter schneiden ... 151
Kräuter, tiefgekühlt ... 108
Kuvertüre ... 122

L

Lage ... 135
Lagerung ... 135
Lauch schneiden ... 151
Lieblich ... 135

M

Marinieren ... 28
Messer ... 150
Messer schärfen ... 152
Mise en place ... 120
Mousse ... 122
Muscheln ... 119

N

Nährwertverlust ... 44

O

Organisation ... 120

Q

Qualitätsstufe ... 135

R

Rebsorte ... 135
Reis ... 44

Ruländer 134

S
Sahne 76
Salatschleuder 28
Schokolade 122
Spargel 28
Spätlese 135
Speck schneiden 148
Speck würfeln 28
Südwein 136
Suppengemüse 54
Süßspeisen 56, 72

T
Temperatur 91
Trocken 135
Trockenbeerenauslese 135

U
Unterlage, Rutschfeste 150

V
Vegetarier 29

W
Wasserbad 151
Weinbaugebiet 135
Weinflaschen öffnen 153
Weingläser 136
Weinprobe 134
Winzer 135

Z
Zwiebeln schneiden 148

Stichworte

worte

A
Artischocken 40
Auflauf von Dosenravioli 110

B
Béchamelsauce....................121
Berner Würstchen und Kartoffelsalat....................16
Blattsalat mit Pute, Hähnchen, Ente 91
Bologneser Sauce für die Lasagne 120
Bratapfel mit Rumsauce 83
Bratwursttorte
mit Sauerkraut und gerösteten Zwiebeln.....126
Buchteln mit Vanillesabayon....................69
Bunte Käseecken 138

C
Crêpes Suzettes mit Vanilleeisparfait 83

E
Eiskrapfen auf Erdbeerpüree 93
Erdbeeren in Krokantblätterteig 114

F
Farfalle di mare 10
Feine Nudeln mit Lachs 35
Fischsuppe mit gebratenem Fisch....................19
Flambierte Bananen....................29
Flan Karamel 44
Forellen mit
Mandeln und Petersilienkartoffeln....................56
Froschquark 72
Früchtereistörtchen....................79
Frühlingsrolle
mit Gemüse und Schweinefilet 144
Frühlingsrolle mit Ratatouille....................145

G
Gebratener Reis in der Ananas 131
Gefüllte Käsebrandteigkrapfen....................143
Gefülltes Gemüse 130
Gemüsedip....................137
Gemüselasagne 128
Gemüsereis....................43
Gemüsetempura 50
Gratinierte Früchte 36
Graupensuppe....................46

H
Hase in Papillotte 11
Haselnußsoufflé mit Altbiersabayon 78
Hausgebeizte Lachsforelle mit Blinis 98
Hochrippe mit Kartoffel-Sellerie-Püree....................97
Hühnersuppe 62

I
In Nudeln fritierte Hackfleischbällchen
mit Traubenchutney 17

K
Kaiserschmarren mit Apfelkompott 35
Karamelisierter Apfelpfannkuchen 80
Kartoffelgratin 14
Kartoffelpraline
mit Kopfsalat-Mais-Gemüse....................47
Kartoffelpuffer mit Apfelmus 112
Käsegebäck....................139
Käserisotto mit Pilzen 48
Käsespätzle - die aufwendige Version 113
Käsespätzle - die schnelle Version 113
Käsewindbeutel 147
Kleine Frühlingsrolle
mit Gemüsespaghetti in Minzvinaigrette.....145
Kleine Hackfleischbällchen
auf Pumpernickel 141
Kräuterschmorbraten
mit Rahmsauce und Vollkornnudeln 20

L
Lammcarrée im Ratatouillemantel....................100
Lasagne....................119
Linsenschaumsuppe
mit geräucherter Gänsebrust 96
Löffelbiskuits mit eingelegten Feigen
und Portweinsabayon 81

M
Maispoularde
mit Tomaten-Paprika-Sauce 126
Mandelkörbchen,
gefüllt mit Himbeerschaum 86
Marinierte Forellen in der Folie 125
Milzschnitten....................55
Minipizza
mit Mozzarella und Tomaten....................111
Mit Mozzarella gefüllte Frikadellen 131
Mongolischer Feuertopf....................22
Mozzarella und Tomaten
in Olivenöl-Vinaigrette....................33
Muscheln Rheinische Art....................118
Muschelspieße 32

O
Œufs à la neige 77
Oliven und Sardellen im Bierteig 146

P
Paella 18
Paniertes Sellerieschnitzel 42
Parfait von Räucherfischen 96
Penne all'arrabbiata 48
Pepitas 141
Pilzsuppe aus der Packung 110
Pralineneisparfait 80
Punschbirne
mit gefüllten Schokoladenblättchen 101
Putengeschnetzeltes 16
Putenschnitzel in Sesam 67

Q
Quark-Dip 41
Quiche Lorraine 142

R
Räucherlachs und Lachstatar
im Rösti mit Salaten und Avocados 34
Rehragout
mit selbstgemachten frischen Nudeln 65
Rheinischer Sauerbraten 63
Rinderkraftbrühe 54
Rinderkraftbrühe
mit Grießnockerl, Flädle, Leberspätzle 60
Rinderroulade mit Rotkohl 68
Römische Gnocchi 51
Roquette-Salat
mit Haselnußvinaigrette und Pinienkernen 46
Rotbarsch in Kartoffel-Karotten-Kruste 92
Rote Grütze 79

S
Salat mit Pilzen
und gehobeltem Parmesan 125
Scampi, gedünstet in Limonensaft
und Tomaten mit zweierlei Reis 99
Scheiterhaufen mit Vanillesauce 85
Schinkenkipferl 140
Schneewittchens Busenkuchen 76
Schokoladenschaum 102
Schokoladentorte à la Lafer 102
Schokorehrücken 87
Schweinekoteletts
in der Kerbelkruste mit Steinpilznudeln 127
Schweineschnitzel in Aromaten gebraten 67
Seeteufel mit Linsen 107
Sektschaumtorte mit Eierlikör 84
Sellerie-Apfel-Auflauf 48
Sesambrot mit Kalbsleberwurst 142
Sesamkartoffelbällchen mit Maissabayon 49
Spaghetti mit Pesto 19
Spargel mit Schinken 28
Spätzle 62
Steak mit Kartoffeln in der Pfanne 37
Strudelteigkörbchen
mit Obstsalat aus der Dose 115
Süß-scharfe Hähnchenflügel 146

T
Tafelspitz
mit Semmelkren und Bouillonkartoffeln 66
Tiramisu 15
Tiroler Gröstl 33
Toast Hawai 136
Tomatensuppe mit Mozzarella 106
Topfenknödel mit Zwetschkenröster 58
Topfenpalatschinken 82

Ü
Überbackenes Bratwürstchen-Baguette 134
Überbackenes Ziegenkäse-Baguette 27

V
Vanilleeis mit heißen Kirschen 109
Vanillesauce 86

W
Warmer Apfelkuchen 23
Weiße Schokoladenmousse
mit Erdbeeren 122
Westfälische Götterspeise 115
Wiener Saftgulasch 21
Wiener Schnitzel 67
Winzerhackbällchen mit Wachtel-
spiegeleiern und Pumpernickel 147

Z
Zitronentorte mit Baiser 85
Zuckerschoten und Tofu
in Ratatouille-Vinaigrette 51
Zwiebelsuppe
unter der Sesam-Blätterteighaube 124

für viele Leute

Rauhe Sitten, feines Essen -
Wenn Gäste ihre Freunde mitbringen

Farfalle di mare 10
Hase in Papillotte 11
Kartoffelgratin 14
Tiarmisu 15
Putengeschnetzeltes 16
Berner Würstchen und Kartoffelsalat 16
In Nudeln fritierte Hackfleischbällchen
mit Traubenchutney 17
Paella 18
Fischsuppe mit gebratenem Fisch 19
Spaghetti mit Pesto 19
Kräuterschmorbraten
mit Rahmsauce und Vollkornnudeln 20
Wiener Saftgulasch 21
Mongolischer Feuertopf 22
Warmer Apfelkuchen 23

schnell und gut

Quickies in der Küche -
Schnell gekocht und gut gegessen

Überbackenes Ziegenkäse-Baguette 27
Spargel mit Schinken 28
Flambierte Bananen 29
Muschelspieße 32
Tiroler Gröstl 33
Mozzarella und Tomaten
in Olivenöl-Vinaigrette 33
Räucherlachs und Lachstatar im Rösti mit
Salaten und Avocados 34
Kaiserschmarren mit Apfelkompott 35
Feine Nudeln mit Lachs 35
Gratinierte Früchte 36
Steak mit Kartoffeln in der Pfanne 37

vegetarisch

Carne Vale -
Kein Fleisch in der Küche

Artischocken 40
Quark-Dip 41
Paniertes Sellerieschnitzel 42
Gemüsereis 43
Flan Karamel 44
Roquette-Salat
mit Haselnußvinaigrette und Pinienkernen 46
Graupensuppe 46
Kartoffelpraline
mit Kopfsalat-Mais-Gemüse 47
Penne all'arrabbiata 48
Käserisotto mit Pilzen 48
Sellerie-Apfel-Auflauf 48
Sesamkartoffelbällchen mit Maissabayon 49
Gemüsetempura 50
Römische Gnocchi 51
Zuckerschoten und Tofu
in Ratatouille-Vinaigrette 51

klassisch

Klassisches Immergrün -
Kostbares aus Mutters Küche

Rinderkraftbrühe 54
Milzschnitten 55
Forellen
mit Mandeln und Petersilienkartoffeln 56
Topfenknödel mit Zwetschkenröster 58
Rinderkraftbrühe
mit Grießnockerl, Flädle, Leberspätzle 60
Hühnersuppe 62
Spätzle 62
Rheinischer Sauerbraten 63
Rehragout
mit selbstgemachten frischen Nudeln 65
Tafelspitz mit Semmelkren
und Bouillonkartoffeln 66
Schweineschnitzel in Aromaten gebraten 67
Putenschnitzel in Sesam 67
Wiener Schnitzel 67
Rinderroulade mit Rotkohl 68
Buchteln mit Vanillesabayon 69

süß

Die süße Seite des Lebens -
Dessert und mehr

Froschquark 72
Schneewittchens Busenkuchen 76
Œufs à la neige 77
Haselnußsoufflé mit Altbiersabayon 78
Früchtereistörtchen 79
Rote Grütze 79
Karamelisierter Apfelpfannkuchen 80
Pralineneisparfait 80
Löffelbiskuits mit eingelegten Feigen
und Portweinsabayon 81
Topfenpalatschinken 82
Crêpes Suzettes mit Vanilleeisparfait 83
Bratapfel mit Rumsauce 83
Sektschaumtorte mit Eierlikör 84
Scheiterhaufen mit Vanillesauce 85
Zitronentorte mit Baiser 85
Mandelkörbchen,
gefüllt mit Himbeerschaum 86

Vanillesauce 86
Schokorehrücken 87

Aus besonderem Anlaß -
das exquisiste und raffinierte Festmahl

festlich

Blattsalat mit Pute, Hähnchen, Ente 91
Rotbarsch in Kartoffel-Karotten-Kruste 92
Eiskrapfen auf Erdbeerpüree 93
Parfait von Räucherfischen 96
Linsenschaumsuppe mit geräucherter
Gänsebrust..96
Hochrippe mit Kartoffel-Sellerie-Püree...........97
Hausgebeizte Lachsforelle mit Blinis 98
Scampi, gedünstet in Limonensaft
und Tomaten mit zweierlei Reis 99
Lammcarrée im Ratatouillemantel 100
Punschbirne
mit gefüllten Schokoladenblättchen.............101
Schokoladentorte à la Lafer 102
Schokoladenschaum 102

Ich war eine Dosensuppe -
Tuning - Tips für Fertiggerichte

Fertig-
gerichte
verfeinern

Tomatensuppe mit Mozzarella.....................106
Seeteufel mit Linsen..................................107
Vanilleeis mit heißen Kirschen 109
Pilzsuppe aus der Packung 110
Auflauf von Dosenravioli 110
Minipizza mit Mozzarella und Tomaten 111
Kartoffelpuffer mit Apfelmus 112
Käsespätzle - die schnelle Version 113
Käsespätzle - die aufwendige Version 113
Erdbeeren in Krokantblätterteig 114
Westfälische Götterspeise..........................115
Strudelteigkörbchen
mit Obstsalat aus der Dose 115

Wenn der Alltag zum Genuß wird -
Verwöhnen muß nicht teuer sein

Muscheln Rheinische Art...........................118
Lasagne...119
Bologneser Sauce für die Lasagne 120
Béchamelsauce..121
Weiße Schokoladenmousse
mit Erdbeeren 122
Zwiebelsuppe
unter der Sesam-Blätterteighaube 124
Salat mit Pilzen
und gehobeltem Parmesan.........................125

preiswert

Marinierte Forellen in der Folie 125
Bratwursttorte mit Sauerkraut
und gerösteten Zwiebeln 126
Maispoularde mit Tomaten-Paprika-Sauce...126
Schweinekoteletts
in der Kerbelkruste mit Steinpilznudeln 127
Gemüselasagne 128
Gefülltes Gemüse 130
Gebratener Reis in der Ananas 131
Mit Mozzarella gefüllte Frikadellen 131

Sekt oder Selters -
Snacks und der Umgang mit Getränken

Snacks

Überbackenes Bratwürstchen-Baguette......134
Toast Hawai 136
Gemüsedip...137
Bunte Käseecken 138
Käsegebäck..139
Schinkenkipferl...140
Pepitas 141
Kleine Hackfleischbällchen
auf Pumpernickel 141
Quiche Lorraine..142
Sesambrot mit Kalbsleberwurst..................142
Gefüllte Käsebrandteigkräpfen....................143
Frühlingsrolle
mit Gemüse und Schweinefilet 144
Kleine Frühlingsrolle
mit Gemüsespaghetti in Minzvinaigrette 145
Frühlingsrolle mit Ratatouille.......................145
Oliven und Sardellen im Bierteig.................146
Süß-scharfe Hähnchenflügel.......................146
Winzerhackbällchen mit Wachtel-
spiegeleiern und Pumpernickel...................147
Käsewindbeutel 147

Tips und Tricks -
Profi Tips von Johann Lafer 148

Tips

Die Rezepte sind – wenn nicht anders angegeben – für 4 Personen berechnet.

Wenn Sie Anregungen, Vorschläge oder Fragen zu unseren Büchern haben, rufen Sie uns an (0521) 52 06 50 oder schreiben Sie uns (Ceres Verlag, Am Bach 11, 33602 Bielefeld). Wir antworten umgehend.

Konzept Wolfgang Laubersheimer / Stephan Schwarz

Tips und Rezepte Johann Lafer
unter Mithilfe von: Jürgen Benker, Gerd Eis, Alexander Eisenmenger, Torben Eriksen, Oliver Fritsche, Christian Hamel, Markus Herbicht, Claudia Hörner, Andreas Klingenberger, Sylvia Lafer, Andreas Wallum.

Text Stephan Ott

Grafik Design Stephan Schwarz

Fotos Frank Dicks
Alte und neue Werkzeuge, Rauhe Sitten, Quickies in der Küche, Klassisches Immergrün, Die süße Seite des Lebens, Aus besonderem Anlaß, Sekt oder Selters, und die Rezepte.

Oliver Heissner
Carne Vale, Ich war eine Dosensuppe, Wenn der Alltag zum Genuß wird.

Redaktion Carola Reich

Reproduktion und Druck Mohndruck, Gütersloh

vielen Dank an Carsten Bäumer, Roch Bingipou, Heike Dahlenburg, Peter Eckert, Jutta Engels, Peter Engels, Sonja Engels, Dirk Esters, Metzgerei Friedt, Andrea Hohl, Michael Kientzler, Bärbel Klumper, Stephan Krüger, Julia Lang, Mona Laubenstein, Willy Laubersheimer, Sanni Lutz, Mathias Michel, Alexander Pötter, Michaela Reisinger, Bäckerei Reiß, Daniela Reuter, Petra Rüblinger, Steffen Schneider, Melanie Schuhmacher, Kathrin Spohr, Jacqueline Steiniger, Kai Strecke, Uwe Strunk, Bettina Thielen.

ISBN 3-7670-0408-9